儿童教育中的
教育家及其理论译丛

INTRODUCING
VYGOTSKY
A GUIDE FOR PRACTITIONERS AND
STUDENTS IN EARLY YEARS EDUCATION

维果茨基 导论

给早期儿童教育工作者和学习者的指南

（英）桑德拉·斯米特 著
SANDRA SMIDT

罗 瑶 译

南京师范大学出版社
NANJING NORMAL UNIVERSITY PRESS

图书在版编目（CIP）数据

维果茨基导论：给早期儿童教育工作者和学习者的指南 /（英）桑德拉·斯米特著；罗瑶译. -- 南京：南京师范大学出版社，2020.4
（儿童教育中的教育家及其理论译丛）
ISBN 978-7-5651-1431-1

Ⅰ. ①维… Ⅱ. ①桑… ②罗… Ⅲ. ①儿童教育－早期教育－研究 Ⅳ. ①G61

中国版本图书馆CIP数据核字(2019)第200222号

Introducing Vygotsky: A Guide for Practitioners and Students in Early Years Education / by Sandra Smidt/ 978-0-415-48057-4
Copyright © 2009 by Routledge
Authorised translation from the English language edition published by Routledge, a member of the Taylor & Francis Group LLC
All Rights Reserved.
本书原版由Taylor & Francis出版集团旗下的Routledge出版公司出版，并经其授权翻译出版。版权所有，侵权必究。
Nanjing Normal University Press is authorized to publish and distribute exclusively the Chinese (Simplified Characters) language edition. This edition is authorised for sale throughout Mainland of China. No part of the publication may be reproduced or distributed by any means, or stored in a database or retrieval system, without the prior written permission of the publisher.
本书中文简体翻译版权由南京师范大学出版社独家出版并在中国大陆地区销售。未经出版者书面许可，不得以任何方式复制或发行本书的任何部分。
Copies of this book sold without a Taylor & Francis sticker on the cover are unauthorized and illegal.
本书封面贴有Taylor & Francis公司防伪标签，无标签者不得销售。
著作权登记号：图字10-2019-474

书　名	维果茨基导论：给早期儿童教育工作者和学习者的指南
丛 书 名	儿童教育中的教育家及其理论译丛
作　者	［英］桑德拉·斯米特
译　者	罗　瑶
丛书策划	万　斌　张泽芳
责任编辑	王　瑾
出版发行	南京师范大学出版社
地　址	江苏省南京市玄武区后宰门西村9号（邮编：210016）
电　话	（025）83598919（总办）　83598412　83598312（营销部）
网　址	http://press.njnu.edu.cn
电子信箱	nspzbb@njnu.edu.cn
照　排	南京凯建图文制作有限公司
印　刷	江阴金马印刷有限公司
开　本	710毫米×1000毫米　1/16
印　张	14.75
字　数	195千
版　次	2020年4月第1版　2020年4月第1次印刷
书　号	ISBN 978-7-5651-1431-1
定　价	45.00元
出 版 人	张志刚

南京师大版图书若有印装问题请与销售商调换
版权所有　侵犯必究

内容介绍

桑德拉·斯米特（Sandra Smidt）是一名早期儿童教育作家和咨询师，她带领读者们进入了一段有关列维·维果茨基的核心概念的旅程。维果茨基是20世纪早期教育领域中最具有影响力的理论家之一，他提出了一系列有关儿童早期学习与教学的突破性的原则。在这本书里，作者将维果茨基的这些原则用日常的语言解释出来，并揭示出他的这些思想之间的关键性联系。

对于那些从事早期儿童教育的人来说，《维果茨基导论——给早期儿童教育工作者和学习者的指南》将是一本很有价值的手册。它不但介绍了维果茨基的核心概念，还讨论了这些概念在教学和学习中的实际应用。每章的后面都附上了一张有用的术语表。

本书的可读性很强，它里面包含了许多在早期教育机构中所发生的真实案例。它主要讨论了以下几个概念：

- 中介和记忆；
- 文化和文化工具；

- 心理机能；
- 语言、概念和思维；
- 活动理论；
- 游戏和意义。

本书提醒着我们，学习在任何时候都有可能发生，它主要是通过学习者与更有经验的"他人"的交往而产生的，这个"他人"可能是成人，也可能是儿童。

作为儿童教育工作者或对儿童教育工作感兴趣的读者的必备读物，本书强调学习的社会属性，并考察了一系列有关学习的重要问题，如学习中的文化、历史、语言和符号等。

致 谢

感谢那些出现在我书中的孩子们,还要感谢他们的父母、照料者和老师们,是他们关注、尊重孩子们所说和所做的事情,并对其进行了充分的观察、讨论、记录和分析。

感谢我的朋友黑兹尔·艾贝尔,他对于我写这本书的计划充满了热情,让我能够坚持下来,他还自愿阅读了本书的初稿。

序　言

　　这本书是专门为那些从事儿童教育工作的人所写的，尤其是为那些觉得阅读维果茨基的著作非常困难的人而写。维果茨基是苏联伟大的思想家、早期教育领域最为重要的理论家之一。他的著作非常难读，一方面是由于我们只能够读到他的著作的译作，另一方面是由于他的著作里充满了大量精彩的观点和理论，它们都是用难懂的学术语言写成，因此很难解读其中的含义。除此以外，即使是那些介绍维果茨基研究的人也会保持那种学术语言，外行读者就只能够靠不断地查字典来阅读。这让阅读变得很缓慢，也很费劲，就我的经验看来，很多读者也就因此放弃了。在写作这本书时，我发现自己一直在尝试着用日常语言去解释一些复杂的事情。但是，就像小孩子一样，本着对于这个学科的兴趣以及对于维果茨基的高度赞赏，我一直在做这项工作，我发现自己现在可以思考维果茨基的研究，而不再需要持续地回到文本。在将维果茨基的研究"教"给读者的过程中，我意识到了自身对于这个学科的理解，并且能够学着更为抽象地去思考。我们在此讨论的关于年幼学习者的内容大部分都适用于终身学习。人们要想成功地应对一些新事物，取决于其原有的经验以及对有用的文化工具的使用。我希望读者在读完本书后能够明白这一点。

这本书涉及维果茨基著作中的一些关键主题，尤其是那些可以应用到学习和教学中的主题。文本中有一些词语或短语是用斜体字标注的，这些都是关键词或关键思想，读者可以在每章后面的词汇表中找到这些词。在词汇表里，每一个词都有解释，并指出了它与教学和学习的相关性。每章的最后都会有一个简单的结束部分，叫"回顾与展望"。这个部分对每一章的主要内容进行了概括，并介绍了下一章要处理的问题。这是一种特别的设计，它将帮助读者反思所阅读过的内容，并思考接下来的内容。

对我而言，这本书的写作是一项有挑战性的、演进性的、令人满意的任务。它是具有挑战性的，因为我着手要做的一件事情是把那些不能理解的问题变得可以理解，这是非常困难的，它要求写作的人对于每一个要点都有真正的理解。在这个过程中，我成为自己的老师，意识到自己的已有知识以及还需要理解的知识，所以我发展出了一种元认知技能。它是演进性的，因为当我阅读得越多，我发现的联系也就更多。我一开始并没有想从维果茨基的角度来分析保罗·弗莱雷（Paolo Freire）和奥古斯托·博尔（Augusto Boal）的研究，但是正因为他们都将学习视为一种社会和解放的力量，这种联系就自然地出现了。我对此很满意，因为当我思考并建立这些联系时，我感受到了维果茨基所产生的影响力以及他对未来的教育领域将产生的影响。我希望读者能够享受阅读的过程，就如同我十分享受写作的过程一样。

桑德拉·斯米特
2008年3月

目录

内容介绍   1

致谢   1

序言   1

引言   1

第一章
开篇：社会文化式的生平简介

列维·维果茨基的一生与所处时代   1

其他人对维果茨基思想的影响   6

回顾与展望   13

术语表   14

第二章
中介、记忆和文化工具

文化的、历史的、工具的框架   19

记忆、中介和文化工具   21

由生理需要和生物学过程发展至高级心理机能   24

从日常思维到高级心理机能   27

记忆   32

文化工具的重要性　　　　　　　　　　35
　　　回顾与展望　　　　　　　　　　　　40
　　　术语表　　　　　　　　　　　　　　41

第三章
文化、环境和工具

　　　发展与文化　　　　　　　　　　　　43
　　　文化的丧失：流亡中的人　　　　　　45
　　　发展的生态状况　　　　　　　　　　47
　　　生理的作用　　　　　　　　　　　　51
　　　货币作为一种文化工具　　　　　　　53
　　　信号、符号和符号学　　　　　　　　58
　　　回顾与展望　　　　　　　　　　　　62
　　　术语表　　　　　　　　　　　　　　62

第四章
语言、概念和思维

　　　内在化　　　　　　　　　　　　　　65
　　　皮亚杰和维果茨基对言语与思维的讨论　67
　　　前智力言语和前言语思维　　　　　　70
　　　对概念的理解　　　　　　　　　　　75
　　　从日常概念到科学概念　　　　　　　76
　　　反思的重要性　　　　　　　　　　　79
　　　回顾与展望　　　　　　　　　　　　80
　　　术语表　　　　　　　　　　　　　　81

第五章
学习与教学

　　　持一种社会历史的立场　　　　　　　83
　　　我们可以从中学习到什么呢？　　　　86
　　　中介和文化工具　　　　　　　　　　86

我们可以从中学习到什么呢？	88
记忆与思维	90
我们可以从中学习到什么呢？	93
语言和概念：最近发展区	96
我们可以从中学习到什么呢？	101
支架和同伴教学	102
回顾与展望	104
术语表	105

第六章
活动理论

活动理论的发展	107
第五空间课外项目	112
主导活动和对话指导	114
维果茨基之后：莱文和巴赫金	118
回顾与展望	120
术语表	121

第七章
游戏与意义

对于游戏的定义的补充	125
游戏和意义	126
意义的概念	129
有规则的游戏	138
修正我们关于游戏的观点	141
回顾与展望	142
术语表	144

第八章
缩小差距：有关最近发展区的详细信息

支架	147

持续性的分享思维　　152
　　引导式参与　　155
　　所有权和占有　　157
　　交互式和同伴教学：成为有经验的他人　　158
　　提问和理论　　161
　　给予反馈　　165
　　回顾与展望　　167
　　术语表　　168

第九章
总结：我们所学到的内容

　　教学的推荐原则　　171
　　原则在实践中的运用　　173
　　回顾与展望　　193
　　术语表　　194

第十章
维果茨基的儿童

　　生物学与文化　　197
　　个体发育缺陷　　200
　　帮助有特殊需要的儿童　　202
　　最近发展区　　204
　　融合　　205
　　回顾　　207
　　术语表　　207

结语　　209
参考文献　　211

引　言

情景引入：汉娜的发展日志

当我的孩子们出生时，我很年轻很无知，也很紧张，除了爱他们和照顾他们以外，我实在累得不能再做任何事情。他们对我而言只是小婴儿而已。但是，当我的第一个孙女汉娜出生时，我对儿童早期学习与发展的知识产生了强烈的兴趣。所以我一直在观察她，用我给她拍摄的相片和我所做的观察记录为她做了一份简单的发展日志。当时，我其实并不知道诸如查尔斯·达尔文（Charles Darwin）这样的传奇性人物已经为记录个人发展做过类似的日志。我为汉娜头六个月的生活坚持做了观察笔记。以下是我笔记中的一些摘录。

12周时，汉娜的妈妈萨姆说汉娜有一次偶然碰到了挂在她床上的可移动的小象上的铃铛。于是，她再三地重复这一个动作，有时候她朝着铃铛微笑，有时候她会大叫。

差不多也是在12周左右，一个朋友带着她五岁的孩子杰丝来看望汉娜，杰丝是汉娜人生中遇见的第一个孩子。汉娜坐在杰丝的腿上，非常认真地看着杰丝正在看的书上的图片，她还一度发出了响亮的笑声。

　　当萨姆身穿一件黑白条纹衬衫时，汉娜从左到右地移动着她的头打量着。那个时候她三个月大了。在同一时期，当汉娜喝着自己的奶瓶时，她睡着了，并且脸上挂着微笑。当我看到她的微笑时我笑起来，而她在睡梦中也大笑起来。我当时的观察记录上标注着："美味啊！"

　　快四个月时，汉娜开始辨别到底是谁在说话。当萨姆开始唱《猫头鹰和小猫咪》(*The Owl and the Pussy Cat*) 时，汉娜会露出期待的微笑；当大人数着"1，2，3……"时，她就闭上眼睛，充满期望地等待着接下来要发生的事情。这段时间里我在一则日志中写道："我想她是一个天才！"因为她从书上的一幅亨利·马蒂斯的剪纸画望向墙壁上的另外一幅亨利·马蒂斯的剪纸画。也是在同一时期，汉娜会伸出她的腿并指向她的脚以示她想要玩抬脚和将脚放下来的游戏。

　　四个月时，萨姆提到当汉娜的爸爸数着"1，2，3……4"的时候，汉娜（期待着一个游戏）用一种极其疑惑的表情看着他。萨姆说汉娜此时已经能够意识到她嘴型的变化将影响到她发出来的声音。"我晚上听见她在自己的小床上练习发元音。"

　　五个半月时，汉娜经常做一些发音练习，为她的咿呀学语造一些句式。同一时期，她对他人的情绪展现出极大的敏感性，她会对着愉快的马里恩咧嘴大笑，但是也会对着那些用紧张的眼神看着她的人大声喊叫。

六个月时，当汉娜第一次接过盛水的水杯时，她抓住了水杯的把手，倾斜水杯，将水送到了自己的嘴里。

当我12年后再回过头来看这些日志时，这个婴儿是怎样发展并开始理解她的世界的图像在我眼前浮现出来。当掌握了一些有关儿童发展的理论知识后，我能够去分析这些小片段，并理解了汉娜独自一人时的行为和她与她周围的人交往时的行为到底意味着什么。既然这是一本关于伟大的苏联理论家列维·维果茨基的书，我的目的在于用这些观察记录作为起点来介绍他的一些核心概念和复杂的思想。

维果茨基式的分析

12周时，汉娜的妈妈萨姆说汉娜有一次偶然碰到了挂在她床上的可移动的小象上的铃铛。于是，她再三地重复这一个动作，有时候她朝着铃铛微笑，有时候她会大叫。

我们很容易把这样一个片段做过分简单的解读。一个孩子的脚偶然碰到了铃铛，由于喜欢这个铃铛的响声，她不断地让这件事情重复发生。但是在这样的分析中有一些事情被忽略掉了。要让这个孩子能够意识到是她使这个铃铛响起来的，那她必须有一种对于她自身主体性的自我意识，也就是说她能意识到，她有使周围环境中的事情发生的能力。而我们此刻所谈论的是一个不足三个月的婴儿。我们会在后面多次谈到主动学习和主体性这样的一些概念。主动学习意味着所有的婴儿都会用他们的感官或其他可利用的事物来理解他们周围的世界。他们可以不经提示地去做这些事情。

差不多也是在12周左右,一个朋友带着她五岁的孩子杰丝来看望汉娜,杰丝是汉娜人生中遇见的第一个孩子。汉娜坐在杰丝的腿上,非常认真地看着杰丝正在看的书上的图片,她一度还发出了响亮的笑声。

在这里,我们可以看到汉娜与她人生中遇到的第一个孩子的交往场景。杰丝已经对书籍有所了解,因为她知道书是怎样使用的以及人们在与书打交道时一般会做什么。所以她知道要打开书、翻页,说出书上的文字并指向图片。通过与这样一个熟悉翻书动作的人交往,汉娜模仿了杰丝的行为,她也看着书,并且通过大声地笑来表达她对于与杰丝和书交往的喜悦。

当萨姆身穿一件黑白条纹衬衫时,汉娜从左到右地移动着她的头打量着。那个时候她三个月大了。

分析这个片段中所发生的事情是十分有趣的。这些黑白条纹对她来说意味着什么呢?当她移动着她的头时,是不是会出现有趣的视觉效应呢?也许这些条纹看上去是动起来的。为什么她从左到右地移动她的头呢?可能这意味着汉娜在"解读"这个衬衫,但也许这只是在表达她的难以置信。在所有的这些观察中,我们能够总结出来的是汉娜在积极地参与理解她周围世界里的一切,包括所有事物和人。

在同一时期,当汉娜喝着自己的奶瓶时,她睡着了,并且脸上挂着微笑。当我看到她的微笑时我笑起来,而她在睡梦中也大笑起来。我当时的观察记录上标注着:"美味啊!"

快四个月时,汉娜开始辨别到底是谁在说话……

在这个片段中,我们可以看到汉娜在探索并理解她生活的社会中的一个方面。在大人的陪同下,汉娜开始学习留意其他人在做什么、说什么,并且认识到不同的人有不同的声音。这样她就可以听出谁在说话、谁没有说话。由此她开始学习说话和倾听,轮流说话、对话,以及口语是怎样发音和运用的。

当萨姆开始唱《猫头鹰和小猫咪》(The Owl and the Pussy Cat)时,汉娜会露出期待的微笑。

在汉娜生活的家庭中,她的父母会阅读书籍、听音乐。他们经常给汉娜唱歌,汉娜也经常看到他们看书和看报纸。她的家庭有一个惯例,那就是唱歌或者吟唱歌谣或诗歌。《猫头鹰和小猫咪》带有一种催眠式的节奏,汉娜在很小的时候就开始听这首诗歌,并为之着迷。这可以说是她环境中的文化工具,一种她用来娱乐和学习语言、交往的工具。不仅如此,它更是汉娜加入阅读的人群并开始参与到一个特殊的*实践社群*的一部分内容。

当大人数着"1,2,3……"时,她就闭上眼睛,充满期望地等待着接下来要发生的事情。

在这里我们可以发现,汉娜第一次显示出她有了预测事情发生的能力。成人在数到3时往往会做一些突然的事情（譬如说拍手，将手巾从她的面前移开，掉一个玩具，开灯，等等），通过这些与成人交往的经验，汉娜意识到"1，2，3"的声音是一些有趣的事情将要发生的前奏。她发现了一些我们称之为"图式"的东西，并可用此来做计划。能够预测可以说是一项很关键的技能。一些人会认为，汉娜周围世界中的成人*正在照管着她，将她从活动的边缘转移到了活动的中心。*

这段时间里我在一则日志中写道："我想她是一个天才！"因为她从书上的一幅亨利·马蒂斯的剪纸画望向墙壁上的另外一幅亨利·马蒂斯的剪纸画。

上一则日志显示汉娜开始学着预测，而在这里我们看到的是儿童开始学习*概括*的一个复杂的案例。她坐在别人的膝上看书，而书上有一些颜色鲜艳、引人注目的马蒂斯剪纸画。这些图案唤起了她对房间的墙壁上所悬挂的大图片的记忆，她一定是意识到，那也是亨利·马蒂斯剪纸画。这看上去并不复杂，但我们需要仔细想想。儿童要能够建立这样一个连接，她必须有能力去*回想*她所看过的事物，与此同时，与她现在所看到的新事物做出比较。维果茨基将之称为*高级心理机能*。

也是在同一时期，汉娜会伸出她的腿并指向她的脚，以示她想要玩抬脚和将脚放下来的游戏。

在这个案例里，我们第一次看到汉娜想与他人*交流*她的需求和渴望。通过她的*经验*，她发现玩抬脚和将脚放下来的游戏是十分有趣的。她同时也意识到如果她想要这个游戏再次发生的话，她需要寻找一种向他人"言说"的方式。然而由于她不会说话，她只能够找到一些她能够用的方式，那就是她能做的动作。所以汉娜用肢体动作作为自己的"语言"，即伸出她的腿并指向她的脚。由于她周围世界中的重要他人，如她的妈妈、奶奶、爸爸，都特别能理解她的需求和渴望，因此他们能够解读她的行动并做出回应。对维果茨基而言，思维是一种以文化为中介的社会交往过程，言语这一社会活动与思维的主动过程是相联系的。这很复杂，在书的后面我们会再回到这个问题。

> 四个月时，萨姆提到当汉娜的爸爸数着"1，2，3……4"的时候，汉娜（期待着一个游戏）用一种极其疑惑的表情看着他。

从这里可以看出，汉娜已经发现，尽管事物有一定的图式，她所预测的有可能发生，但是这个世界比她想象得更复杂，规则也不是那么严格的，人们似乎也不都是一成不变的。尽管她的爸爸以她很熟悉的"1，2，3……"的图式开始，但是他并没有给她一个惊喜，反而是发出另外一个声音。也许这里，她的爸爸将她带到了另一个理解的阶段。

> 萨姆说汉娜此时已经能够意识到她嘴型的变化将影响到她发出来的声音。"我晚上听见她在自己的小床上练习发元音。"

汉娜所生活的世界充满着声音。她在一个单一语言的家庭中长大，所以她听到的声音是英语。而在街道后面的那个家庭里生活的孩子所听到的是英语和孟加拉语。汉娜的表现显示出她已经认识到嘴巴、嘴唇和舌头可以使她发出声音，而她周围的成人在说话的时候也要用到嘴巴、嘴唇和舌头。她开始模仿，而这源于她与其他人的交往。

五个半月时,汉娜经常做一些发音练习,为她的咿呀学语造一些句式。

半岁左右,汉娜即将加入到她周围的语言世界中。她不但练习元音的发音,也开始练习疑问句和陈述句的各种模式化发音。她自言自语,咿呀学语,模仿着他人,并参与到日常生活中。

同一时期,她对于他人的情绪展现出极大的敏感性,她会对着愉快的马里恩咧嘴大笑,但是也会对着那些用紧张的眼神看着她的人大声喊叫。

在她还这么小时,汉娜就遇见了许多人,包括成人、其他的婴幼儿。她看到他们的微笑与皱眉、大笑与哭泣、叫喊与歌唱、开心与悲伤、放松与紧张。通过对他们和他们周围所发生的事情的观察,汉娜逐渐发展出一种对于他人情绪的感受性。要拥有这种感受性,她需要认识到他人具有情绪这一事实。朱蒂·邓恩(Judy Dunn, 1988)曾观察过儿童学习他人情绪情感的过程,她认为随着儿童意识到自身在这个有*规则限制*的社会中的角色,他们通过与他人交往即可在年幼时发展出这种感受性。汉娜对着做鬼脸的马里恩大笑,也在沉默和紧张的萨利面前保持安静。她发展出了对于他人情绪的敏感性。

六个月时,当汉娜第一次接过盛水的水杯时,她抓住了水杯的把手,倾斜水杯,将水送到了自己的嘴里。

在最后一则日志中,我们看到,汉娜从用瓶喝水到用水杯喝水的经验中*概括*出了喝水的方式。需要再次强调的是，表面上看上去很简单的现象其实已经体现出了这个孩子非常复杂的思维。她意识到杯子与瓶子一样是可以用来喝水的，而如同用瓶子喝水的方式一样，只有当这个杯子倾斜着的时候，杯子里的水才能够到达嘴边。

读者们，我们每一个人在开始学习一些新的事物时都有与汉娜相似的经历。这章让我们快速地浏览了维果茨基的基本观点，接下来我们将对其进行更为细致的解读。本书旨在用简单易懂的语言表达，以便使一些复杂的概念变得更容易理解。你们应该知道维果茨基写作时使用的语言是俄语，他的所有作品都是由俄文翻译成英文的，所以翻译者们在试图表达他的复杂思想时难免会出现一些不一致的地方。

CHAPTER ONE
Beginnings
Towards a sociohistorical appreciation

第一章
开篇：社会文化式的生平简介

在开篇当中，我们将讨论维果茨基的生平，了解维果茨基出生的时代与环境以及他短暂的一生所受到的影响。那些写过维果茨基的书的作者将这种方式归结为*社会历史心理学*，其原因在于，维果茨基认为要理解人类，必须通过研究人的社会关系和经验以及他们所使用的文化工具。社会经验包括吸引他人注意的方式，行为模式，表扬、控制或模仿的方式，以及社会组织的方式（诸如，人们在哪里生活？怎样生活？是社区式、家庭式或其他？人们怎样饮食？在哪里睡觉？）等。文化工具指的是在群体中的人类为了帮助他们理解与反思自身的价值、思想、原则与实践，而逐渐发展起来的事物、手势或符号。文化工具中最重要的是语言，当然也还包括电脑、音乐和艺术等。

列维·维果茨基的一生与所处时代

环境与文化是贯穿维果茨基所有著作的两大重要主

题。所以，在进入他的著作之前，我们首先来了解一下他的人生。维果茨基1896年出生于奥尔沙（Orsha）（如今已属白俄罗斯）的一个小镇中受过教育的犹太人家庭。一年后，这个家庭搬迁到了高美尔（Gomel）的一个繁华的小城。在那里，维果茨基的父亲西蒙（Semion）做过一系列的管理性工作，包括某银行的部门主管。西蒙在这个小城中是一个举足轻重的人物，他会说多种语言，并且负责城市中的图书馆建设工作。对维果茨基生平的了解，我们大都是从维果茨基的女儿——吉塔·维果茨卡娅（Gita Vygodskaya）的一篇文章中得来的。在那篇文章中，维果茨卡娅将她的祖父西蒙描写为一个执拗、复杂的人，他很果断，对子女要求高，但同时关心他们，关注他们的需要，并且很爱他们。西蒙的妻子塞西莉亚（Cecilia）也接受过良好的教育，她会说德语，喜爱德语诗歌，她把这些都教给了她的孩子们。她曾接受过教师培训，但是由于她生了八个孩子，没有机会成为一名正式的教师，而是深入地参与到了子女的教育当中。维果茨基是家中的第二个孩子，但是是长子。家中每一个孩子都非常关心彼此，家庭和睦。维果茨卡娅提到，这个家庭因为都对历史、文学、戏剧和艺术感兴趣而凝聚在一起。她是这样说的：

> 下午茶后聚在一起是他们家的一个传统。这时候，每个人都完成了自己的工作，爸爸处理完他的工作事务，妈妈做完了家务，孩子们则做完了自己的学校作业。这时他们在一起聊自己的一些想法，或者大声读一些经典小说或新出版的小说。父母和孩子都很重视这样一段家庭的亲密时光，在许多年后谈到时仍感觉很温暖。
>
> （维果茨卡娅，1995）

由此我们可以看到，在维果茨基的家庭生活中，大家可以谈天说地，充满着爱与生机，这是文化惯习中的一部分。维果茨卡娅提到，尽管家里经济并不宽裕，但是买书的钱总是有的。维果茨基擅长社交，受人欢迎，他热衷于收集邮票、下象棋、阅读冒险类故事、游泳和划船。他第一个阶段的教育是在家中完成的，由家庭教师教授再加上自学。后来维果茨基上中学，即犹太人的文科学校，在那里他跟随所罗门·埃施匹兹（Solomon Ashpiz）学习。埃施匹兹是一位数学家，他曾因参加"革命运动"被流亡到西伯利亚一段时间。

年轻时的维果茨基生活在革命前的俄国，当时国家由沙皇统治，穷人极度贫穷，而且没受过任何教育。当时普遍流行反犹太主义，维果茨基的家庭也未能幸免。高祖林（Kozulin，1990）提到，经过一次农夫市场里所发生的小事件之后，一场针对高美尔的犹太人的家庭和贸易的全面迫害运动开始了。与其他地区犹太人采取不抵抗的策略不同，在高美尔生活的犹太人社区有抵抗，并且在少数情况下他们还击退了袭击者。这次糟糕的事件过后，一些犹太人被送上了审讯庭，那些希望少数群体获得所有权利的人以及热衷于将全部矛盾转至犹太人身上的亲政府组织，利用这个审讯庭进行公开对抗。维果茨基的父亲就亲身感受了镇上发生大屠杀前夕的氛围，他曾提到过在基什尼奥夫所发生的大屠杀，并认为只要犹太人还继续坚持自己的尊严与公民权的话，这样的恐怖事件就将持续发生。维果茨基当时只有八岁，可以确定的是他当时的所见所闻对他那短暂的人生都是有影响的。

维果茨基在文科学校里表现突出，老师们对他的能力印象深刻，并且认为他有一个辉煌的未来，预测他将成为数学家或是语言学家。他的认真与成熟颇受大家称赞。由于在结业考试中表现优异，维果茨基在毕业时获得金牌奖章。他随后申请了莫斯科大学，虽然政府给犹太人制定的是配额制度，但是他对此非常有信心，因为他认为他的好成绩将使他获得入学资格。他的父母希望他能够成为医生，因为这样的话他就能够在"栅栏"以外生活，也就是说，他能够在允许犹太人永久居住的少数几个省份之外的地方生活。维果茨基顺从了父母的想法，并且成功申请到了学习医学的机会，但在莫斯科大学学习医学还不到一个月，他认为自己其实并不想学医，随后他便转到了法学院学习。法学院的学习也不能满足他，他决定追随自己对语言、文学、艺术和哲学的兴趣，转到同在莫斯科的沙拿夫斯基大学学习，那是一所并不关注学生的国籍或种族的激进机构，但并不为官方所承认。尽管那里的教学质量很不错，但这所大学所授予的学位是不被官方认可的。

维果茨基在莫斯科的日子是繁忙而幸福的。也正是在这段日子里，他对于心理学的兴趣大增，他开始利用业余时间学习心理学，大都以自学为主。维果茨基需要提交一份论文以完成他的大学学业，于是他选择了莎士比亚的《哈姆雷特》来作为论文的题目。他用了几年时间分析这部戏剧，并阅读了多种译本。这篇论文可以说是他的第一个科研成果。如果对于这部戏剧有所了解，可以知道它主要关注的是人与人之间的复杂关系、权利、过往还有疯狂。维果茨基对心理学的了解对于他所选择的这个主题很有帮助，又或许是他对《哈姆雷特》的兴趣燃起了对心理学的热情。他的这篇论文最终在五十年后即1968年版的《艺术心理学》一书中作为附录部分发表。

维果茨基在具有历史意义的1917年从大学毕业，并回到高美尔。第一次世界大战对俄国的影响是巨大的，数以百万计的人们死于饥饿，送上战场的军队只有非常糟糕的、难以抵抗任何敌人或气候的装备。高美尔被德国军队占领，所以维果茨基在那种时候根本不可能找到任何工作。他的家庭也同样经历着巨大的创伤。他的母亲和一个年幼的弟弟都处于肺结核发作的恢复期。他的弟弟病情更危险，维果茨基一直照顾他直至他去世，当时他弟弟还不满14岁。他的母亲仍然努力从自身的疾病和丧失亲人的忧伤里恢复过来，当时她的另一个儿子也因伤寒症过世。1917年的十月革命对于这个国家乃至整个世界都意义重大。对于维果茨基来说，社会主义政府的开始让他有机会工作与学习。如同其他少数群体中的人一样，维果茨基感觉自己被赋予了尊严与尊重，尽管数年过后，他反对马克思主义的诸多内容，但他的一些观点还是深受马克思主义的影响。1919年，维果茨基在一所新开的职业学校里教授文学、哲学和俄语，随后他在一家当地的教师教育学院教授心理学。他成为城镇委员会中艺术和审美教育的主席，终身致力于促进文化和教育的发展，并保持着对于文学与戏剧的喜爱。后来，他被提名为高美尔最优秀的教师。

随后，维果茨基将注意力转移到做研究上，这个时候他认识了亚历山大·鲁里亚（Alexander Luria）和阿列克谢·列昂节夫（Alexei Leontiev），他们有诸多共同的爱好，三个人合作得非常愉快，因而被称为"三人小组"。之后，维果茨基到了一家为身体残疾和智力落后的儿童服务的中心工作。1925年，他去伦敦参加会议，在那里他展示了苏联为聋哑儿童教育所做的工作。利用这次机会，维果茨基在欧洲了解了荷兰、法国和德国的特殊教育的发展。回到苏联之后，维果茨基的肺结核发作，差点死去。但是他顽强地战胜了疾病，随后就投入到他的研究和写作中，并发表了他的一部分研究。有些研究涉及特殊儿童的教育问题，值得关注的是他在研究中采用了儿童访谈的方式。也许是由于这些研究让他转而对教学法（即教学的艺术或科学性）产生了兴趣。他所做的这些研究引起了莫斯科许多教师、医生、学生和心理学家的极大关注，他们积极参加维果茨基所举办的会议和演讲，就连那些由于演讲地太拥挤而只能站在讲堂之外听讲的人们都深深地被他的观点所吸引。维果茨基引人关注的原因在于他对于儿童自身观点的关注,以及他对所有儿童的尊重。我们也知道他结过婚,并有小孩,他的妻子比他多在世45年。他的女儿维果茨卡娅和外孙女艾莱尼都还在世。

其他人对维果茨基思想的影响

我们每一个人都是自身与生活中遇到的他人、思想以及文化工具相互作用的经验的总和。我们终其一生都被他人的想法与价值观所影响着。这种影响很多时候来自于我们将他人视为模范,或是希望做那些我们所崇拜的人所做的事情。对许多人来说,影响并不是源自于与其他人的直接交往,而是在阅读或倾听他人思想和观点时所产生的。也许在生活中,你会被老师、朋友或家庭成员的观点所影响。也许你所阅读的一本书或者与别人的某次对话让你有了不同的想法。也许你听到过的一些杰出人物的故事对你的生活产生了某些影响。

南非律师乔治·比佐斯(George Bizos)可以说是一个很好的例子。当他还是一个小男孩的时候,由于他的祖国希腊被纳粹占领,他和父亲只好逃离希腊,划船跨越地中海,直至被一所英国驱逐舰救下来。当时他只有12岁,但这段记忆跟随了他的一生。他起先在孤儿院生活,后来去了南非,在那里他完成了学业并成为一名律师。这些早期经历让他意识到南非实行的种族隔离是错误的,所以后来他成为一名为被压迫者的权利辩护的著名律师,而这些被压迫者中还包括纳尔逊·曼德拉(Nelson Mandela)。

让我们再来看看普里莫·莱维(Primo Levi)的经历。作为在奥斯维辛集中营里的一名年轻的意大利人,莱维强调他大学所学的化学知识帮助他应对了集中营里许多难以忍受的折磨与非人的遭遇。在他的《被淹没和被拯救的》一书中,他写道:

> 除了从学习中获得一些实际概念之外，我还保留了一些学习化学时的心理习惯，并运用到我所处的环境中。如果我用一种特定的方式行动，那么我手上的物质或者我的对话者会如何反应呢？为什么它、他或者她会表达、打断或者改变一个特有的动作呢？我可以参与到我未来的一分钟，或者明天，或者未来的一个月所发生的事情中去吗？如果是这样，那么哪些信号是有意义的？哪些信号又是可以忽略的呢？我可以预计到我将要遭受的殴打是从哪边打过来，从而可以让我逃避掉它吗？
>
> （1988:113—114）

在接下来的同一段中，莱维提到当他看着集中营里的知识分子所面临的遭遇时，他意识到集中营在某种程度上像"大学"，因为它教会他去环顾四周，并学会评判人。所以莱维认为他所接受的正式教育以及他的绝望经历一同造就了现在的他。

维果茨基在某种程度上来说是一个"局外人"。作为犹太人，他一直被反犹太主义、大屠杀、种族歧视法所包围着，这促使他致力于考察社会和历史，与此同时，也让他开始想更深入地探究他周围的人是怎样学习和发展出一套自身的价值、信仰和实践体系的。他生活中的文化无疑反映的都是我们上面所列举的那样一些消极的价值与惯例体系。他方法中的独特之处就在于他对社会和文化的关注。

维果茨基生活在一个激烈变革的年代，他是当时俄国知识分子中的一员。"知识分子"一词很难翻译成英语，因为在英语世界里并没有这样相对应的一群人。柯祖林（Kozulin,1999:21）提到，知识分子并不仅仅包括那些接受过教育的或者有智慧的人，而是一个具有共同的文化价值与社会正义感的群体，并且他们都有着使社会作为一个整体变得更好的共同愿望。在当时的知识分子中,文学有着非常重要的地位,它被视为文化和生命的最终表达方式。所以文学人物常常被他们所讨论与评价,而阅读这些人物的知识分子常常会将这些人物的行为作为他们生活的模范。这些内容在维果茨基所写的关于《哈姆雷特》的论文中有所体现。

维果茨基于1917年完成他的学业并回到了高美尔。那一年发生的俄国革命改变了社会的格局,使得俄帝国从一个沙皇专政的国家变成了苏维埃共和国。在那一年里发生了两次革命。二月革命是一场在圣彼得堡发生的自发性的群众起义。这场革命从一开始就没能坚持下来,很大原因在于第一次世界大战对经济和国家的影响。由列宁带领的工人阶级的十月革命则很快掌握局势。他们引入一种新的制度,这种制度旨在掀翻贵族统治,教育大众,并保证财富能够更为平均地分配,穷人也能够获得土地。那些拥有权势的贵族们进行了猛烈的抵抗,进而掀起了一场激烈的内战。

维果茨基就是在这样一个国家面临分裂及激烈转型的时期回到了高美尔。由沙皇统治的封建主义国家向社会主义制度的转变应该说是历史上最为迅速与激烈的变革。在那个时期有这样的两种组织,一种是不期待有任何变化的复古派,而另一种是希望变革越快越好的革新派。许多革新派的成员对于*客体化*的概念是非常感兴趣的。这是一个难以解释但又对我们而言非常重要的概念,因为维果茨基在后期关于中介的研究中会用到此概念。

为了更好地解释客体化这个概念,我们可以从一个具体的例子说起。当某人向你展示一张桌子或者一张桌子的图片时,你可以很快地意识到它是什么,并能叫出它的名字。你不需要思考,因为你就是知道。但是你知道这些是由于你有看到过桌子被用于某些目的的经验,或者你曾将桌子用于某些目的。你知道桌子是什么所依据的是桌子带给你的意义。对你来说，桌子也许是一个你用餐的地方，或者是你使用电脑的地方，或者是你放置花束的地方。理解客体化的一种方式在于，你可以衡量一下一件事物对你而言仅仅是物体而已，还是说它已经包含了它被制作出来的原因和目的。你可能会认为桌子只是一件用木头加工的东西而已，但是木制的东西也可能是木碗或木托盘。我们理解桌子之所以是桌子，是因为人类在制作它时是有着特定的目的的。所以一张桌子或者其他物品之所以成为某种有意义的事物，是由于它们在制作时被赋予了某种目的。碗是用来盛水果或者沙拉的，而托盘是用来盛装一些物品的。所以客体化是人类将意义赋予某事物、某人、某地或某活动的过程，有时也可以是自我客体化的过程，即将意义赋予自身。这些意义随之成为起着指导行为作用的文化建构中的一部分。我们将持续使用桌子来用餐、工作或者放置物品。某个群体或某个社区或文化中的人们赋予事物意义并遵循文化建构的方式来行动。每种文化在文化建构的形成和维系过程都是随意的，所以它们不会一直都固定不变，而是动态的，它们将随着时间和空间的变化而发生变化。接下来将会用一些例子来说明这点。

意大利的瑞吉欧·艾米莉亚教育中所出的第一个系列的书籍中有这样一个画面，一个小孩看到书的目录页，并将自己的耳朵凑到一幅画着腕表的图片上。她期待着这块腕表会发出嘀嗒的声音。从某种意义上来说，她正在展示自己的概括能力，她有看手表的经验，因此她认为所有的手表都会发出这样的声音。她还没有意识到手表的图片是不能够发出声音的。如今，这个场景已经很难让人理解，因为手表不再会发出响声，都已经变成了数字手表，因此我们对于手表的文化建构不得不发生改变。一块手表依然是用来计算时间的，但是却已经采用了不同的操作方式。

维果茨基的思想就在这样一种新的社会主义世界里形成着，有许多人的思想、观点和研究对他的思想产生着持续的影响。其中对他影响最早、最大的是黑格尔的著作，当然，马克思的思想对他也是有很大影响的。作为一名俄罗斯的犹太学生，维果茨基试图理解反犹太主义这样一个概念，他尝试着去分析犹太文化的哪些内容对他人来说是一种威胁，是什么样的法则掌控着历史，从而使得这种歧视一而再，再而三地在历史中发生。这意味着他需要同时去理解文化和历史，在黑格尔的著作中，他采用了一种叫作*辩证*的方法将文化和历史这两个概念都囊括起来。*辩证*一词源自于希腊文，用以指代一个论点与另一个对立的论点之间的矛盾，所以它意味着两个对立观点的集合。简单来说，它并不接受某事物是对的、相反的事物则是错的这样的观点，而是去看双方对于某种理解各自贡献了些什么。黑格尔在分析历史的过程中涉及描述人的发展过程，其中他也谈到理性、文化、意识和意志（理性指逻辑思维；文化指发展出来的共同习俗、价值观、信仰等；意识指认识；意志指欲望或动机）。黑格尔认为，历史的基本法则在于它是由人类向自由的意识或认识的进化所构成的。所以历史并不是线性的过程，而是包含了一些跳跃性的发展，或者遇到阻碍进而回转、迂回和协商的过程。为了向前发展，就必然要经历和克服一些障碍。所以说，历史是辩证的。

  黑格尔著作对于维果茨基的另外一个重大影响源自于黑格尔对于*自然世界*和*文化世界*的区分。在哲学里这个问题依然有争论，有许多思想家认为文化（即人所创造的事物）根源于自然。自然世界指的是物质实体，它们通过进化和发展而形成，包括树、人类、岩石和石头、山和海洋、花和火山等；而文化世界指的是一群人为满足他们的群体需要而创造出的人工制品、思想和实践体系。维果茨基正是这样来理解文化世界的，他将文化世界定义为社会中的一群人形成了自己的价值观、意识形态、宗教、人工制品、习俗和实践体系，以此来定义自身并彼此连接。

如果回到客体化这一概念，即事物是由它创造时所赋予的目的或者创造者所赋予它的目的来定义自身，就能理解为什么维果茨基对于客体化概念如此感兴趣了。在阅读时，也可以看到维果茨基非常强调人在学习和发展时社会和文化世界的重要性。

对维果茨基来说，所有学习都是社会性的。这是一个很有争议的概念，第一次读到这个观点时你很有可能会觉得愤怒，因为你想起很多时候你都是在没有他人帮助的情况下，或者是在睡眠过程中突然惊醒所产生的那样一些灵感的瞬间学习到某些事物的。但是请仔细想一想，他所说的社会指的是我们的想法和概念的形成是以某些有经验的学习者作为中介的；学习所发生的环境在起源上来讲是社会的；学习建立在之前的学习基础之上；学习往往是通过文化和心理活动而产生的。我们将会反复地回到这些概念。如果你对黑格尔对维果茨基的影响很感兴趣，可以去阅读一下柯祖林的书籍。

其他对维果茨基产生影响的人还包括亚历山大·鲁里亚和阿列克谢·列昂节夫，他们一起组成了一个"三人小组"。当维果茨基遇到他们的时候，他们都是莫斯科州立大学心理学会的年轻成员。鲁里亚是一名有经验的研究者，当时他正在运用一种"客观的"方法来研究人的无意识的情感过程，而列昂节夫是一名博士研究生。他们三人一周或两周碰面一次，筹划他们的研究项目。那时候，维果茨基正着力于研究近期历史（即在20世纪20年代国家所经历的内战、第一次世界大战、饥荒、社会主义统治等）惊人的作用。随后他开始研究新引入的义务中等教育的效果，这项研究使他开始考虑如何为那些困难学生提供情感与心理支持。"三人小组"随后又有了其他五位研究者加入，其中有一些女性研究者，这个群体的研究非常具有集体性。维果茨基是名义上的领袖，但其实他们每一个人都能够自由地运用他人的想法来形成自己的发现。

其中一个研究项目是鲁里亚所做的关于城市、农村和无家可归儿童的研究。他的研究问题是不同的社会经历是否会导致不同知识的形成以及激发不同的心理或思维过程。他选择了来自三个不同群体的9~12岁的孩子：一个群体是来自于大城市（也许是莫斯科）；一个群体是来自于偏远的乡村地区；一个群体是无家可归的儿童。130个研究对象都参与了一些简单的词语联系的任务。鲁里亚分析了他们的反馈，并试图发现群体内部及其群体间所存在的一些模式。

以"马车"和"工会"两个词为例。我们一般会认为相较于城市孩子来说，农村孩子对于"马车"更为熟悉，调查结果也显示如此。农村孩子给予"马车"的反馈比城市孩子更为一致，他们会给出诸如"一种可以骑的物品"这样的答案。然而，"工会"一词在农村孩子那里则有了完全不同的回答，他们会根据自己的联想来回答，譬如说"商店的联合机构"。而城镇里的孩子则不同，他们能意识到"工会"是一种社会概念，譬如说由"工人阶级""委员会"或"年轻人"所组成的协会。

研究认为，那些有着丰富的不同经验，或者常与他人进行思想和观点的交流的人将更具有概括和分析的能力。在这样简单的研究之后，维果茨基和鲁里亚开展了一项更为复杂的实验，实验目的在于研究文化环境的变化是怎样导致人的认知的变化。他们的调查对象是处在由封建社会转到社会主义社会的转型期中的乌兹别克人民。这些人民的生活在很多方面都发生了巨大的变化，譬如集体教育和宣传、妇女权利等，他们这一群体正好体现出维果茨基和鲁里亚所期待的那些变化。这项研究很有启发作用，也很有趣，但是被批判了很长一段时间。因为许多人认为这项研究除了将"原始思维"一词归于未受教育的和没有受到很好教育的人身上之外，并没有做任何实质性的事情。

在其中的一项研究当中，鲁里亚发现乌兹别克的农民与乌兹别克的教师与管理人员在颜色的认知上是不同的。当研究者给农民呈现牛粪与猪粪时，农民们能够清楚地发现它们是不同的，因为它们出自不同的动物。教师与管理人员则可以将颜色抽象化，并将它们都命名为棕色。研究结果发表后，政府体制对此进行批判，认为他们所发现的这些不同是有等级歧视的，与社会主义和平等的思想是相违背的。他们的研究结果被禁止发表，鲁里亚也因此被驱逐出莫斯科州立大学的心理学会。

回顾与展望

在维果茨基去世的1934年，斯大林掌握政权，维果茨基所生活的那个社会也发生了巨大的变化。由于肺结核再次发作，维果茨基离开了人世，享年37岁，这使得他的研究留下了不可能填补的空白。他的研究直至20世纪60年代才得以翻译成英文，由于每个翻译者对维果茨基都有着自己的解读，他们之间产生了激烈的争辩。但是维果茨基的研究所带来的影响传遍了世界，他留下了许多的著作和文章，这些遗产是如此丰富，以至于现今还在被不断地争论与诠释中。

现在我们已经对维果茨基的生平、他所生活的家庭、社区和社会都有了简单的了解。这为我们提供了一个理解他思想的背景。这些内容会让我们产生一些疑问。譬如，维果茨基对他的弟妹们有着怎样的教育？毕竟，在这样一个有着8个孩子的家庭里，相互的教育是非常常见的。那么，这样的经历对于他形成关于教学与学习的想法是否有帮助呢？或者，他和他的家庭所遭遇到的歧视是否会对他的观点与思想有影响？他做特殊儿童研究的经历是怎样影响他自身思想的方向以及他的研究结论的呢？这段经历的重要性将在后面的篇章中得以展现。

书中有一些维果茨基的基本概念与术语，接下来我们会用这些概念和术语来描述儿童的学习与发展。在"汉娜的行为"那一段，我们将会发现这样一些术语：交往、社会世界、文化工具、交流、语言、实践社群、模范、参与、高级心理机能和中介。这里的每一个术语都将涉及他人的角色。这些概念都体现的是社会的重要性，也就是说维果茨基看待儿童与他的学习方式集中在研究学习是怎样通过关系与交往传递给下一代的，这种观点既是社会的，也是历史的。

术语表

在阅读之前，请仔细关注下面这种术语表，它在后面的每一章中都会出现。学习者每学习一样新的事物时，对于新领域中的专业术语的学习总是会花很多时间。维果茨基的著作很难阅读和理解，恐怕对俄罗斯读者和英国读者来说都一样困难，因为维果茨基所用的术语往往不是流行的日常语言。前面文章中所出现的斜体字在这个术语表中都会有解释。其中有一些术语会给出释义以帮助我们这些和孩子一起工作的人。

术语表

词语或短语	含义	意义
主动学习	学习者并不是被动地接受信息或知识，而是主动地为自己的经验与境遇创造意义	我们不能够将学习者视为白板或空容器，而是需要像同伴一样与他们进行对话
主体性	指代的是学习者能够掌控自己学习的一种能力与需要	我们必须考虑到学习者自身的兴趣。我们在学校和其他学习环境中为学习者所提供的机会应建立在他们的兴趣和热情的基础上
交流	与人交往和交流思想的能力	交流是非常重要的，因为每一个学习者都必然涉及交流
实践社群	指代的是一群参与同样活动的人。我们可以设想一名儿童是怎样参与到操场中的实践社群或是阅读社群当中的	这可以为我们给儿童介绍新的事情时提供启发，即我们应促使儿童从一个团体的边缘走向团体当中

（续表）

词语或短语	含义	意义
比较	意为找寻物体或情景中的相同与不同	儿童通过经验与交往而获得的一种高级心理机能
意识	对于某些事物的认识	
环境	指代某些事情所发生的情景。举例来说，学习者的环境可以是教室、家庭或者是操场	环境是非常重要的，因为它是意义创造和分享的场所
文化惯习	布迪厄所使用的一个词，用以形容我们在群体当中向他人所学习到的东西	在我们为儿童做计划时，我们应注意为他们提供合适的资源、活动与交往的机会
文化工具	有时指代的是一些心理工具，即某个群体内的人们为协助思考而逐渐形成的事物、信号或系统。包括语言、信号、音乐、艺术等	每一个学习者都来自于某种文化，他们都已发展出其自身的文化工具。我们需要为儿童提供使用工具的机会，以帮助他们理解这个世界
文化	此词很难界定，一般而言它指的是某群体中的人传递其信念、价值观以及人类工作和思想的产物的方式	维果茨基对于知识如何传递给下一代的问题很感兴趣，因此他重点关注的是这种现象与文化之间的相关性
发展日记	指的是一系列的观察笔记，有时用照片、录音或图表的方式来记录儿童的发展，一般由父母保存	观察儿童并且将所见、所听记录下来对于教育者来说是非常重要的
辩证	这个术语用于表示人在思考时，并不简单从一方面或者另一方面而是从两个方面共同来考虑	维果茨基对从多个维度去分析某现象很有兴趣
经验	意指人所看见、听到、感受、理解和欣赏到的一切事物	所有经验都是有价值的，儿童是从他们的经验中学习的。作为教育者，我们应将其视为教育的出发点
概括	是一种能从个案中提取共同特点的能力	是一种儿童从经验和交往中发展出来的高级秩序功能

（续表）

词语或短语	含义	意义
模仿	用以形容当一个人仿照他人行为或行动时所发生的情况	模仿在学习过程中有其重要地位，尽管它不能完全解释学习者是如何建构起自己的理解的
知识分子	一个俄语名词，用以形容一群有着共同的观点、价值观的人，这些观点、价值观大都涉及他们的文化、语言、人权等	
交往	人们在一些小的或大的群体中交流思想、观点或经验	在维果茨基关于学习的社会模式中，交往常被视为是学习的核心特征
语言	这是一个很容易理解的概念。它指的是一种最有力量的文化工具，包括说、听、读和写。有时还指代那些无声交流的方式	它是思想和观点交流以及意义协商的最重要方式，是所有教育与学习的最核心特征
自然世界	指代的是通过生长与进化而发展出来的世界，而不是由人所创造的世界	
理解	自出生起，儿童使用了各种方式去协助他们熟悉自身所处的身体的、社会的、情感的世界	我们应时刻注意帮助儿童去理解他们生活和经验中的方方面面
中介	指代的是某种学习的推动因素，它处在学习者与所学习的概念之间。这个词语的含义将在本书的不同场景中有所变化	在维果茨基的思想中，中介是很关键的概念，这源自于他对于社会性和文化性的理解
客体化	指一个物体获取意义的过程	这意味着学习者需要先理解具体和日常，之后才有可能发展出抽象思维

(续表)

词语或短语	含义	意义
参与	一个日常用语，意味着加入	对儿童和成人来说参与是很关键的。儿童需要参与到他们所处环境的文化和活动当中，而成人需要参与到儿童的活动中
预测	一个日常用语，指的是猜想将来会发生什么的能力	一种高级心理机能
回忆	一个日常用语，指的是一种记忆的能力	一种高级心理机能
有规则限制的	指代的是一些内含有规则的事物，譬如说语言是包含有规则的，因此说着同样语言的人才有可能理解对方。在我们的文化工具中有许多类似的有规则限制的系统	在你接下来阅读的过程中，你将发现儿童从很小的时候就能够发明他们自己的规则，并将其运用到他们对于行动的管理当中
对他人情绪的敏感性	指代的是一种人们能够对他们所遇到的人的情绪做出感受与反应的能力	当儿童表现出此种特征时，我们需给予特别关注
社会世界	包括儿童所处的不同环境和文化中的一切事物	
社会历史的	是维果茨基所提出的一种方法，这种方法认为从历史和文化的角度来理解事物是最为关键的	我们需要尽可能多地去了解儿童的个人历史和文化

CHAPTER TWO
On mediation, memory and cultural tools

第二章
中介、记忆和文化工具

在本章中,我们将开始根据维果茨基所提供的框架来理解儿童是怎样学习和发展的,他将其称之为"文化的""历史的"或"工具的"心理学。本章的讨论重点是"中介",而这需要我们首先考察记忆和文化工具的使用这一复杂的领域。在进入讨论之前,我们先界定一些概念。①

文化的、历史的、工具的框架

在维果茨基的概念里,"*文化的*"指的是社会组织的一些方式,包括社会为正在生长中的儿童所提供的诸多任务,以及为年幼儿童所提供的一些可以解决任务的工具,其中有心理工具(即内在的或心理的),也有生理工具

---

① 为了简化对本章的阅读和理解,当我们谈论一个群体内部的人们所创造的系统、过程与事物时,我们指的是文化工具而不是心理工具。

（即外在的或物质的）。举例来说，在西方社会里，我们通常为婴儿提供一个单独的房间，房间里放一些特殊的家具和我们所认为的可以促进他们发展的物品。婴儿的小床上一般都有一些可以移动的和可抓握的玩具。在非洲，这种有小床和可移动玩具的单独卧室应当是闻所未闻的。婴儿也许就住在一个盒子里或者是与父母同住。这就是文化的差异，当然这并不意味着一种文化在帮助儿童学习和发展上会优于另一种文化。一个西方的儿童也许在探索一个柔软的玩具，而一个非洲的儿童则在探索着他的松果。两个儿童都是通过自身的探索去理解他们所处的世界。这两种文化的共同之处在于学习通常都是在一个社会环境当中发生，并且就维果茨基看来，语言都是最主要的文化工具。

在维果茨基看来，"*历史的*"意味着人类是怎样在几十年里持续地掌控和利用环境的。以语言为例，我们可以试想一下，语言是怎样将那些囊括了人类知识总和的概括性概念吸收进来的。一个西方家庭中出生的婴儿会有人为他读书、哼唱，而非洲的婴儿也许听到的是故事而不是读书。"故事"这一词指明了什么是故事，并暗指某个特定文化下人们常听到的所有故事。"历史的"这个概念与"文化的"概念是如此相连，因此我们需要将阅读、数学和音乐等视为历史文化工具的一部分，这些工具由人类所发明，也提高了我们分析现在、理解过去并预测未来的能力。

"*工具的*"在维果茨基那里指的是*中介*，这是维果茨基理论中的核心概念。中介指的是通过运用文化工具或信号使思维发生质的变化。因此我们可以将中介视为运用一些可供交流的系统来表现或作用于现实。可供交流的系统是交流思想和观点的方式：语言就是其中一种。值得注意的是，中介理论远远比刺激—反应的学习理论要高明得多。也许你阅读过俄国心理学家、诺贝尔奖获得者伊万·巴甫洛夫（Ivan Pavlov）的书籍，他通过研究狗的行为来研究消化现象。他意识到唾液的分泌是消化的中心环节，因此他决定采用一种人工的外在刺激——节拍器，来观察狗是否对其有反应。所以他每次在给狗提供食物时就会敲节拍器。数天过后，每当狗听到节拍器响起，甚至是食物还没有提供的时候，狗就会开始分泌唾液。巴甫洛夫将其归纳为条件反射，他的这种思想直接影响了刺激—反应理论的形成。在这个案例里，刺激是节拍器的声音，而反应是食物缺乏时的唾液分泌，这种反应明显是已经被改变过了的行为。一些对此理论过分热衷的心理学家试图将这种研究方法运用到人类发展中。他们认为可以用奖励和惩罚来改变儿童的行为：通过奖励儿童一个笑脸，儿童将持续做值得表扬的事情；当儿童的玩具被拿走，儿童将停止不被接受的行为。这些方式也许对你来说很熟悉，它就是建立在这种十分简单的学习理论的基础之上，而这种理论与维果茨基的想法是完全相悖的。

记忆、中介和文化工具

如果你尚未能够理解"中介"一词的含义，请不要着急。它是一个非常复杂的概念，我们将会在此书中多次介绍它。中介指的是人们运用某些交流方式（如信号、符号等）来理解、解释或呈现这个世界以及我们在其中的经验。为了更清楚地理解这个概念，我们将解释一下*信号*和*符号*。

- *信号*是含义和形状的一个组合。譬如说，一个道路信号是由金属所制，其含义与一些关于道路和/或交通的信息或警告有关。一个三角路标意味着危险。

- *符号*里包含并传递着某些含义。数字2代表着大于1、小于3；猫的单词代表着一种动物（猫）；红十字代表着受伤或生病的人可以找到帮助的地方。

人类已创造出许多种供他们交流思想与观点的不同方式，在其交流体系中他们也使用了大量的信号和符号。当一些交流的方式得以创造时，这些方式也同样改变了人的思维与理解。试想一下，看一场电影是怎样改变你对某些事物的思考的，电影虽然不是现实而是一系列移动的画面，但是它里面有着丰富的语言，并表达了某些现实。电影是人们用信号和符号所创造出来的人工产物。通过阅读一本书、与一个朋友交流或者听一场讲座，也许你也会发生改变。所以说，交流的方式是会改变我们的思维方式的。这些交流的方式也可以被称为文化工具。文化工具的一个重要特征在于它们能够帮助我们思考不在我们眼前的事物。我们可以回忆出昨天晚上在电影院所看的电影、上个暑假我们曾看过的书或者我们在数周前与朋友的对话。现在我们可以开始将思想、文化工具和记忆联系起来。

让我们一起来看一些人们用来记忆不在眼前的事物时所常用的工具。请仔细看下面的这些例子，在每个例子里请你想一想他们在做这些被称之为"中介"的事情时你有着怎样的感受。

> 玛莎马上要去逛超市。她需要购买许多东西，所以她为自己列了一个清单，这样她就能够记住她想要买的东西了。

玛莎所运用的是书写（人类已发明了数个世纪，用以协助人的记忆与学习）这一文化工具来提醒自己要买的东西。

> 帕温是托儿所的一名新生。在第一个星期里，他每天都会花一些时间到花园周围的栅栏边走走，并且大声说："这是路，这是角落，这是可以爬的地方，现在我在草地上，这是门。"

在这里，帕温所运用的是言语（人类已发明、改善并精心设计了数个世纪）来帮助他熟悉这样一个新的、可能带有危险的环境。他同样也可以采用画一幅关于托儿所的画或者与他母亲交流的方式。这些方式都是文化工具（制作画报、使用口语）的一部分，它们是帕温学习新环境的中介。

贤在学习如何吹竖笛，他需要同时学会认识和演奏高音谱号上的音符（在乐谱上）。为了记住高音谱号上音符的名字，贤从姐姐那里学到了一种助记的方式：EGBDF——"每个好男孩都应该得到食物（Every Good Boy Deserves Food）"。

贤在采用一种助记的方式，这是一种帮助记忆的心理工具，它用首字母来代表一句话中的每个单词，这是因为记忆一个有意义的事物比单纯记忆字母的名字更容易一些。贤从姐姐那学到这一点，而毋庸置疑的是，他姐姐也是从某个有经验的学习者那学来的。

我们发明出一系列解决问题的符号与方式，相应地，这些符号与方式也在塑造着我们的思维。儿童从出生时起就与他人尤其是成人有许多的交往，而成人则一直在主动为儿童创造机会，使儿童能够了解成人的文化以及历史中所积累下来的意义系统和处理事物的方式。下面我们来看一些例子。

在俄国的时候，沙夏的父亲经常给他讲一些俄国的故事，与此同时，沙夏的母亲给他唱一些英文歌曲，与他玩一些猜测性的游戏，这些游戏通常以出乎意料的方式结束。

沙夏身处他父母双方的文化系统当中。

修利斯薇背着她的宝宝，这样宝宝可以看到日常生活的各个方面。修利斯薇经常会告诉宝宝她正在做的事情，即使宝宝只有三个月大。

修利斯薇的宝宝通过亲身参与、在日常生活中倾听的方式被引导进了妈妈所在文化的各种仪式当中。

在学校里，一些年长的孩子有时候会被邀请到花园里的托儿班与年幼的宝宝一起玩套圈游戏。

在这则案例里，年长的孩子将年幼的宝宝引导到学校的操场游戏和各种仪式之中。

由生理需要和生物学过程发展至高级心理机能

随着儿童的生长和发育，他们的生活不再完全是由生理需要和生物学过程所构成。婴儿刚出生时，他们的生活完全被他们的生理需要所掌控，譬如说睡眠、食物和热量等。随着他们逐渐长大、与他人的交往增多，他们开始从自身的生理需要转移到观看、倾听、感受和经验上。他们开始积极地探索自己所处的世界，通过与他人的交往，他们的思维得以发展。用维果茨基的语言来表达的话，他们开始发展出*高级心理机能*，譬如比较、排序、分析、记忆和概括的能力等。你也可以在第一章后面的术语表中看到这些词。于是，儿童的发展由第一个阶段（即儿童对于世界的反馈集中于自然需求的阶段）过渡到第二个阶段，即通过成人的持续干预后儿童的更为复杂的工具性过程开始发生的阶段。儿童注意到屋外正在下的雪，或者她重复地听到一个词，或者在她洗澡的时候给她一只塑料鸭子，或给她提供一本书、一块可以嚼的手指面包。维果茨基认为，这个阶段的成人所扮演的是儿童与外在世界里的人与物交往时的外在中介的角色。随着时间的推移和经验的增多，刚开始由成人所发起的活动慢慢地变成了由儿童自己主动发起。开始放洗澡水的时候，儿童将手指向塑料鸭子，或者爬到窗台上向外观看，或者经常将一本书带到妈妈的面前。这是一个非常关键的内容，你需要反复地阅读以使你更好地理解这个内容。

维果茨基将儿童发展的第一个过程称之为*外部的心理过程*，意指儿童与成人间共同分享的过程。随后它们成为*内部的心理过程*，意味着儿童可以用自己的方式对世界做出反应。科尔（Cole，1996）曾用图表的方式来描述中介在儿童学习阅读时的角色。下面的图表即建立在科尔的模型基础之上。

这些图表展现出儿童通过与成人和其他有经验的他人交往从而形成自己的经验世界的过程（图2.1），但是成人和其他有经验的他人显然已经通过文化工具的中介（如文字）获得了更多关于世界的经验（图2.2）。最终，儿童有能力使用文字或其他文化工具作为中介来形成自身关于世界的经验（图2.3）。图2.2和图2.3之间缺少一个中间阶段，即在儿童将文化工具内化之前，成人与儿童一同使用文字作为中介来形成经验的阶段。因此，图2.4显示的是教学的阶段，而这个阶段应当发生在图2.2至2.3之间。

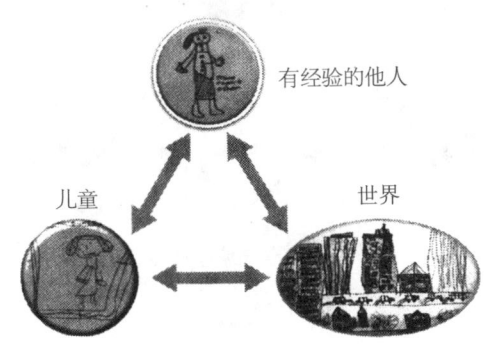

图2.1　儿童通过成人或有经验的他人作为中介来形成的关于世界的经验

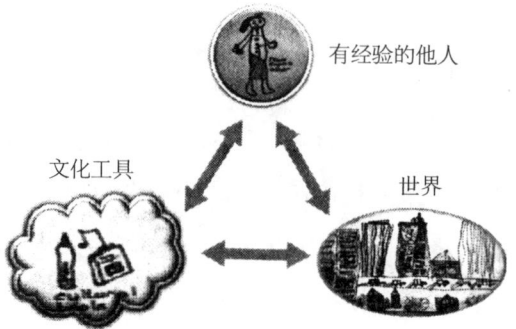

图2.2 有经验的他人通过文字或其他文化工具获得关于世界的经验

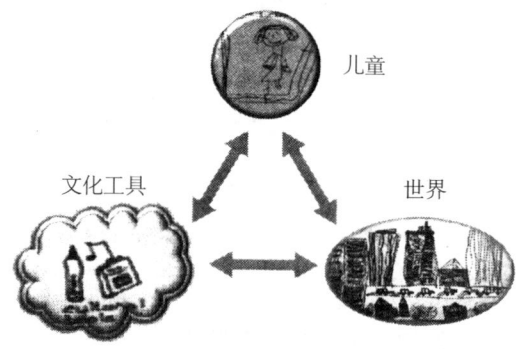

图2.3 教学的目的——儿童通过文字或其他文化工具获得关于世界的经验

图2.4 儿童与有经验的他人运用文字和其他文化工具作为中介来形成经验。这个阶段处于图2.2和2.3之间,因为此阶段能够帮助儿童独自运用文化工具作为中介来形成经验。

从日常思维到高级心理机能

我们在之前已经讨论过，通过中介和文化工具的使用，儿童由依赖于他人、具体和日常的经验发展到能够记忆、使经验内在化并能加以运用。这就是日常心理机能与高级心理机能之间的发展过程。一些维果茨基思想的诠释者认为他的核心原则就在于这样一个从低级心理机能向高级心理机能转化的过程。让我们来分析得更为细致一些。

维果茨基是这样对低级和高级心理过程做出区分的：

- 低级心理过程指的是记忆、注意和理解等这样的一些功能，它们在起源上来说是*心理生物学的*，包括类似于下意识反应之类的。"心理生理学的"指的是那些卷入了情绪和情感的心理过程，生物的、社会的、文化的和环境因素之间的连接非常重要。

- 高级心理过程是有意识的（这点很关键），譬如说经过审慎考虑后做出的有意识动作、有意识地注意某事物或者是将某事物归类，将用到言语思维、逻辑推理和选择性注意等。

实际上，维果茨基在这里所讨论的我们也可以将其视为具体和抽象思维之间的区别。现在我们也已经可以知道儿童是通过*中介的、社会的和合作的活动*来发展出高级心理机能的。

维果茨基认为高级心理过程是有意义的社会活动的一种功能，对于这点你应该不会感到惊讶。这是非常重要的一点。他所说的是，当儿童忙于探索周围对他有意义或与他相关的事物时，儿童所进行的活动使得高级心理机能得以产生。我们常用"经验"一词来指代活动。接下来我将举一些例子，这些例子都是从卡米洛夫·史密斯（Karmiloff-Smith，1994）那里摘录过来的，由那些记录孩子发展日记的父母所提供。

吉纳维芙（19个月）：这周我在她用餐时为她提供了一杯

果汁。当她喝完后,我又递给她一杯牛奶。她把两个杯子并排放着,并说出"2"。以前她仅仅只是重复我所说的话的最后一个字,可是这一次她所说的"2"却不是模仿我说的。

(卡米洛夫·史密斯,1994:17)

通过与母亲在用餐时的交往(这是一种有意义的社会活动),这个小女孩有了他人先后递给她两件事物的经验。由于母亲经常向小女孩解释所发生的事情,通过这一中介,小女孩对于数字和数数的程序有了一定的了解。因此,在通过把以前听到的"2"的经验加以内化之后,小女孩将它恰当地运用出来。也就是说,她听到并记住了这个词,且用一种有意义的方式表达出来。

马尔科(13个月):上周马尔科决定要去按房间里的每一个按钮,弄明白它们究竟有什么功能。如果按动的按钮有反应,他就会不断重复地去按。他尤其喜欢按CD播放器上面的"ON"按钮,因为当他按下去时,他就可以看到一点光亮。

(卡米洛夫·史密斯,1994:181)

通过一些相当随意的按按钮的行为,马尔科发现当某些按钮按下去时就会有一些好玩的事情发生,所以他不断地重复这个动作。为了达到这个目的,马尔科必须具备概括"按按钮"的概念的能力,并从中选择出那个能够产生让他愉悦的结果的按钮。做选择是一种高级心理过程。

西奥(10个月):一天,他模仿我梳头发的动作,现在他会使用任何一种像梳子的东西来梳头发,像是扫帚、指甲刷之类的东西。当今天早上他看到我在修剪腿毛的时候,他赶紧拿着他手里的勺子来帮助我!

(卡米洛夫·史密斯,1994:185)

这个例子很好地展现了一个孩子参与到母亲的活动当中的场景。他看到母亲所做的事情之后就开始模仿她。通过模仿,西奥学会了比较事物,并对"梳子"做出归类,从而能选择和使用其他类型的"梳子"以模仿母亲的行为。当他看到母亲在修剪腿毛时,他也开始能够对"刮刀"这一概念进行概括,将他手中的勺子作为"刮刀"来使用。

为了更好地理解中介,我们需要再来理解三个概念:内在化、参与和记忆。让我们首先来了解*内在化*,虽然这个概念我们并不常用,但是我们都经历过。你一定还记得维果茨基提到过,儿童怎样由与成人和有经验他人的交往来理解(外部的心理过程)转变为独立的理解(内部的心理过程)。本质上这是内化的过程。每当学习发生时,儿童都会将这些经验吸收到自己的意识当中,所以儿童开始意识到自己所学习的东西。内在化必须置于社会交往的背景之下,并且依托于以社会功能为中介的意义系统(或信号和符号系统,也被称为*符号学的*系统)。下面关于蕾哈娜和她的生日聚会的例子将帮助我们更好地理解内在化。

蕾哈娜今年四岁,她有四年的时间浸润在家庭的文化中,也有半年的时间处于托儿班的文化当中。在家庭里,她与自己的父母、兄弟姐妹交往,并参与家庭的各种事务,这让她深深地浸入到家庭文化当中。她能够理解并会说塞海蒂语。她喜欢母亲为她每天做的咖喱和饭。她知道很多孟加拉的歌曲。通过与老师和同伴的交往,以及参与班级环境中的各种事务,她也处在托儿班的文化之中。她开始说英语，并能够很快地理解英语。她喜欢与她的朋友们一起听故事。她开始学说英语中的一些单词。上个星期她还在学校用了午餐，与其他孩子一起在教室吃饭。

今天是她的生日。她的家庭大都来自孟加拉，但是她在伦敦出生，并且一直在伦敦生活。她所去的托儿班在东伦敦，在那里她开始学会同时用英语和塞海蒂语交流。在她四岁生日时，妈妈对她说，她可以有一个自己的生日聚会，她也可以邀请自己的堂兄弟姐妹和她在学校的朋友们来参加。根据自己原来参加过的生日聚会的经验，蕾哈娜请求妈妈为她买一个生日蛋糕，于是妈妈从玛莎百货那里给她买了一个。在蛋糕上有四支蜡烛。蕾哈娜非常享受生日当天的每一刻。她妈妈邀请她班里的朋友为她唱了生日歌，她的堂兄弟姐妹还为她准备了一顶发光的生日帽戴在头上。她在学校的朋友还给她送了生日礼物。

在生日这天，蕾哈娜是所有活动的中心。她完全处在了一个英语的生日文化当中。通过她以前在班级里或者在朋友家中所看到过的生日聚会的经验，她被带到了这样的一个文化之中。她知道要准备一个生日蛋糕，蛋糕上要准备好相应数量的蜡烛，她也知道生日聚会可以邀请她在学校里的朋友来参加。她同样也希望在这个特殊的日子可以戴上一个新的生日帽子。刚开始她是通过成人的帮助使她从边缘变成活动的中心，但是现在她已经可以脱离成人的帮助而独立成为活动的中心。现在她已经内在化了她的知识：她知道怎样去举办一个让同伴喜爱的生日聚会，也知道一个生日聚会需要些什么。

在这里，我们看到了一个孩子是如何参与进她所在的实践社群当中的，也许我还需要再解释一下为什么这点很重要。实践社群通过确立一些共同事务而认定他们是一个群体。这些事务可以是他们的价值观、宗教、情感或他们所共同关心的事情，抑或是他们彼此依附的或通过相互交流而发展出来的任何原则与行动。他们可以将自己定义为"好妈妈""有责任的教育者""忠诚的丈夫""不酗酒者""乐队成员""概念艺术家"或者其他任何他们想定义的名称。在这里，他们已经发展出一种高级秩序心理功能，我们将其称之为"*身份*"。一个年轻的学习者可以参与到教室社群里的各种角色、规则和实践中，也可以参与到操场或者周末学校的实践社群中。他们有着不同的参与方式，有时是通过观察社群中成员的行为，并以此为模范的方式，有时则是通过对话、参与活动或者使用社群中的特殊工具的方式。成人往往在帮助儿童参与社群文化上非常积极，这在我们以后谈到指导性参与时会再提及。这些指导的目的并不是将每个孩子变成一模一样的社群成员。每个人都保持着他自身的独特身份，将自身的历史、文化习惯、期待、感受与需要带入其中。

维果茨基本人并没有使用过*参与*一词，这个概念是受到维果茨基思想影响的人所提出，并尝试将它运用到社会中。我们通常在某人参与到他人的活动或经验时使用这个概念。维果茨基十分重视社会、文化和历史对个人发展的影响。有一些研究者提到，尽管维果茨基非常重视社会和文化的因素，但这并不意味着他忽视个人发展的存在或重要性。马图索夫（Matusov，1998）对维果茨基的内在化模式与参与模式进行了区分，他认为这是两个不同的认知发展观，但是它们在一起能够促进真正的对话，并形成一些更好的理解。介绍这些的原因在于接下来我想引入的戈登·威尔斯（Gordon Wells，1999）的研究。他受维果茨基的影响很深，他对于学习和发展持一种强烈的社会本位观。为了诠释他对参与模式的理解，他谈到了舞蹈这样一种文化活动。一个舞蹈的初学者在刚开始时需要有舞伴和音乐节奏的指导，但是随后初学者将发展出自身对于舞蹈的感受，她就可以完全地参与到舞蹈中，随意地扮演跟随或引领的角色。威尔斯认为这个里面就没有内在化的过程，因为并没有什么知识从专家传递给新手，只能说是他们在一起舞蹈。整个舞蹈活动是如此结构化，因此新手可以独立地形成一种组织好的认知结构。我不确定这是否是真的，因为我真的很不会跳舞、滑雪和打网球。显然，它并非是一个普遍性的模式，但是它值得思考。

芭芭拉·罗戈夫（Barbara Rogoff，1990）所做的研究也是与此直接相关的，她在很多不同的社群里工作过，并对婴儿和幼儿如何参与到实践社群的过程做过细致的观察。她倾向于使用*指导性参与*这一概念，即没有经验的新手旁边应当有对于日常生活很有经验的专家。她用到一些例子，譬如说孩子学习做饭、清洁、烘烤、缝纫，或者与社群中的其他人一起做各种活动。我们在后面将继续讨论。

记忆

维果茨基对于*记忆*的概念很感兴趣，这是一种能够回想以前已经发生过的事情的能力。他开展了各种实验来观察儿童，了解他们究竟是怎样通过使用内在化的概念或记忆（对维果茨基而言，这两个概念是同义的）来解决问题的。

其中有这样一个玩具钢琴的实验。在实验中，儿童需要将某张图片与玩具钢琴上的某个键进行连接。这些图片是日常生活中常见的物品，如苹果、信封等。研究者想了解在经过几轮重复后，儿童是否能够记住哪张图片对应哪个键。儿童会被问到这样一个问题，看到这张物品的图片（一个外在刺激）有没有让他想起钢琴上的哪个键。年幼的孩子对此感到很困难。维果茨基由此总结，即使是对于关系有所了解的儿童，他们所拥有的是一种"朴素心理学"。另外一个有趣的实验是这样的，维果茨基和鲁里亚请儿童以图片或符号的形式创造出某物来帮助他们记住数字的名称。实验的目的在于让儿童能够在不用打开抽屉数物品的情况下知道抽屉里物品的数量。维果茨基发现，这个实验让他可以：

> 捕捉到儿童变化的瞬间，即儿童发明书写语言的瞬间；其次，也可以让他发现儿童从没有中介的记忆发展到有中介的记忆时所发生的巨大变化。
>
> （1997：252）

也许你需要花一些时间来发现"玩具钢琴"和"贴标签"实验的区别。在第一个实验中，儿童所使用的工具是由他人提供的，所以儿童对于这些工具没有所有权，这些工具对他们而言也是无意义的，也就是说它们并不能够成为文化工具。在第二个实验中，儿童可以创造自己独有的文化工具。图2.5是六岁的汉娜为某些物品所创造的符号，她能够很容易地记住每个符号所表征的含义。

图2.5 汉娜的标注

记忆是我们日常经验中很熟悉的概念。维果茨基提到过外在社会过程（即他人如何帮助学习者理解某物）和内在心理过程（即学习者如何回忆不在眼前的事物）之间的紧密关系。在这里，我们将用记忆的一个方面来理解维果茨基所说的内容，在前面我们已经举过一个很好的例子。你还记得贤运用助记的工具来帮助他记忆高音谱号中的音符名称吗？我来再介绍一下这个例子。高音谱号上面的音符是EGBDF，贤的姐姐教给他一个记忆的方法"**Every Good Boy Deserves Food**"，这个句子中每个词的首字母对应着他要记忆的每个音符。在每个文化中都有这样一些帮助记忆的助记工具，每个文化中的儿童都会接触到这些。当儿童学会了这些文化性的记忆中介方式后，他们就会放弃自己所发明的工具，譬如说重复地念、用心算等。在这里，文化性的助记工具代替了原有的特殊工具。上图中汉娜所发明的符号就是特殊工具的一个例子。她现在已经不再使用这样的一些工具了。文化性的学习工具变得内在化，占据了儿童的记忆与回忆，并与其他技能结合起来，譬如概念的使用、讲故事和推理等。

　　四岁的雅克每天都为家庭午餐准备餐具。他知道需要为他自己、爸爸和妈妈各准备一个盘子，另外每人还需要一副刀、叉、勺子和一个玻璃杯。连续几周他都重复做着这样的准备工作，摆好一个盘子后，他又去碗柜取另一个盘子，再去拿第三个盘子，接下去再去取刀和其他的东西。为了完成这件事情，他得往返许多趟。他已经形成这样一种思路，可以确保他拿到该拿的东西，但是却非常麻烦。一天，妈妈对他说："如果你一次可以拿三个盘子，那样你会快一些。看！"妈妈接着演示了一下。所以下一次的时候雅克学会了一次取三个盘子，但是他还是需要往返几次去取其他东西。一天，妈妈递给雅克一个塑料托盘，建议他可以使用托盘来完成这项工作。这是一个文化工具，在雅克所生活的社会中人们发明出来的可以一次性装很多东西的工具。雅克很喜欢这个托盘，在接下来的几周里雅克准备餐具的时间节约了一半。当他将文化工具的使用内在化之后，他就不再需要去采用那种一一对应的笨方法了。

这里雅克所使用的文化工具是一种物质材料，而我们所使用的大多数文化工具都不是这种类型。中介是维果茨基思想的一个中心概念。他说道：

> 儿童是通过他人或者成人的中介来从事活动的。几乎每一个儿童的行为都根植于社会关系。因此，儿童与现实的关系源自于他与社会的关系，我们可以说新生儿在最大程度来讲是一个社会性的存在。
>
> （维果茨基，1932）

文化工具的重要性

我们应清楚地了解维果茨基在使用文化工具这一概念时的内涵以及它在维果茨基思想中的重要性。我们之前也做了一些了解，但是现在我们需要再重复一下。文化工具是人类用来控制思维和解决问题的工具。它们不是自然的而是人工的（这里的意思是它们是由人创造的），它们源自于社会而非个人的行动。维果茨基将这些视为文化工具：语言、计算系统、助记工具、代数和音乐符号、艺术作品、写作、图标、地图、道路信号等。你能发现它们是怎样通过群体或社会中的人们的共同努力而得以形成、并成为改善思维和解决问题的工具的吗？

- 我们已经发明了一种表征数字的符号系统，这使得我们可以采用一种速记的方式来表征我们的思维。如果我们有10组物品，每组5个，我们可以用10×5=50的方式来计算，而不需要真正摆出10组物品。
- 我们从家里出发到另外一个地方，只要我们有一个图解式的计划就会让我们的出行变得简单，所以我们可以使用地图。

● 我们的文化为我们创造了一系列的道路信号。这样的话，驾车的、骑自行车的和步行的人能够更为安全地出行，因为他们知道前方有什么、哪些是允许的、哪些是禁止的。

文化工具是人类的文化和历史活动的产物。佩亚（Pea, 1993）认为：

> 这些工具本身包含了人的智力在其中，它们用以表征个人或群体的一些意见，因而这些方式变得更为具体化、固定化，如同准永久表格一样可以供他人使用。
>
> （佩亚，1993）

他紧接着说道，一旦工具变得更为熟悉、也更隐蔽的时候，我们也就很难意识到它里面所包含的"智力"。他认为我们往往看到的智力是在使用工具的人那里。科尔（1996）提出，文化工具应该被视为人工产物的一个子范畴，人工产物指的是那些由人所创造的物品。人与物品都可以成为这样的一些起中介作用的人工产物。

在世界上的所有文化中，通过使用一些符号性的手段（如写作、绘画、音乐和舞蹈等），人们都创造出了表征自己思想和情感的方式。维果茨基坚持认为正是通过这些工具人们才逐渐意识到自身的思想。当被问到"你可以不用语言进行思维吗？"的时候，我们得到的答案也许各异，但是我们很多人应该都赞成，我们需要使用一些其他的工具（绘画、音乐、符号、语言）来帮助我们更清晰地意识（这可能是我们定义"思维"的方式）到自己的所思所想。维果茨基会这样来论证：

1. 每个个体在这个过程中都是一个活动的中介。
2. 每件事情都是在一个特定的环境里发生的，在这个环境里，个体所使用的工具都是在当时当地可以得到的。

我们之前谈论过助记的工具是如何作为早期文化工具使用的。维果茨基使用了一个著名的例子，即在手帕上所打的一个结可以用来作为要去做某事的提醒。他认为这就是一种外在记忆的中介。由于这个外在符号的出现，人的记忆得以开启和重建。对他而言，这个行为是一种标志性的转变，它揭示出人类是怎样控制他们未来的记忆的。我们在说到维果茨基对语言的理解时会再次回到这个观点。

我们可以将维果茨基关于文化工具的思想概括如下：

- 当一个工具得以创造的时候，它的一些新功能往往与它的使用和控制联系在一起。
- 当一个工具得以创造的时候，一些自然过程将会消失，因为这个工具能够完成在原有的自然过程中所完成的工作。这意味着思维变得更为有效、复杂和迅速。
- 由于物质工具（如铁锤、电脑等）的创造改变了劳动的整体结构，人的行为的整体结构也随之改变。

我们将从肯纳（Kenner，2004）的研究中举一些例子来说明。在这些例子中，通过与他人交往和使用文化工具，儿童深入到他们所处文化的思想和习俗当中。在她的著作《成为双语使用者：幼儿对不同书写体系的学习》中，肯纳展现出使用双语的儿童在他们的书写语言方面具有复杂的知识。她的研究阐明，在教他们的同伴学习他们的书写系统的过程中，那些幼儿显示出了极高层次的认知功能，而这是幼儿通过使用书写语言这一心理工具来达到的。她的分析并不是一种维果茨基式的，但是很能够说明我们想阐述的这个问题。

我们可以一起来看看明的例子。与这项研究中的其他孩子一样，他今年六岁。在同伴教学环节，明尝试着教他的朋友阿米娜学习中文的数字符号7，而阿米娜很多时候写出来都特别像数字4。肯纳写道：

> 明担心阿米娜会从英语的视角来看中文符号，所以他一再地纠正阿米娜："这是4！这是不对的。"

我们可以从中看到什么呢？通过与家庭和社区中的中文熟练使用者的交往，明已经知道了许多中文符号，包括它们的书写方式和含义。与此同时，通过与同伴和老师的交往，他也学会了英文的书写体系。当他教阿米娜这样一个完全没有中文符号经验的人时，明通过将中文符号7与阿米娜所熟悉的英文数字体系进行比较，进而纠正阿米娜所犯下的书写错误。他使用了图表和数字系统，并用语言将问题表达出来。

书中还有另外一个关于赛琳娜的有趣的例子。她说的也是中文，她试图要教她的好朋友鲁比写一个复杂的汉字"明"。赛琳娜在她的中文学校里学会了这个字，她知道这个字有八画。鲁比尝试了很多遍，但是都失败了。鲁比非常沮丧，因为赛琳娜老是擦掉让她重写。赛琳娜不能够给鲁比提供语言的帮助，她只能够告诉她这是不对的。赛琳娜希望鲁比能够通过对比正确的书写方式来写出正确的文字。对于赛琳娜来说，这是她文化工具中的一部分，但是对鲁比来说却不是。然而，一段时间过后，赛琳娜意识到她需要给鲁比提供清晰的语言帮助，所以她开始采用"不是正方形"这样的一些语言，这让鲁比开始意识到她应该注意每一个笔画的正确形状与特征。肯纳提到，对于赛琳娜来说，汉字的每一个笔画都是有意义的。她在汉语学校那里学习到每一个笔画与另外一个笔画之间都是有关系的。过了一段时间后，鲁比开始学会自我修正，如"这一笔似乎太长了"。因此，通过与更有经验的汉字书写者的交往，鲁比开始能够使用文化工具来帮助自己更快地学习。

我们再来看个例子，这个例子来自于杜兰迪等人（Duranti *et al.*, 2004）的研究。他们观察了在萨摩亚（Samoan）社区生活的儿童的学校经验，并探究当他们进入到美国后他们的学校经验又发生了怎样的变化。当在萨摩亚的传教士将语言作为他们一部分的传教内容时，他们也将西方的文化和基督教思想带到了萨摩亚。作者提到，萨摩亚的婴儿总是被背在姐姐们的背上去教堂。在传教士们所创立的学校里，语言的教学主要是采用了一种叫作 Pi Tautau 的形式。它类似于一张海报，上面有萨摩亚的字母表，下方则有罗马字母和阿拉伯字母。每一个字母上都配有一张以那个字母为首的物品的图片。孩子们都在地板上盘腿而坐，而老师们坐在椅子上，从左到右地指向每张图片，孩子们就跟着念每个字母和图片上物品的名称，再单独念字母。很多图片上的东西对孩子们来说都是不熟悉的。他们也许从未见过鸡、车、兔子，更从未听说过希律王①。当他们的家庭移民到美国时也带去了这种教学方式，但其实它对于建构孩子的文化和经验来说并无多大用处。Pi Tautau 里的事物对孩子来说仍然是陌生的，但是在这种新的，甚至是充满敌意的文化里，它承载了许多过去的回忆、与祖先的联系，并反映出过去家庭语言中的一种有力的心理工具。

萨摩亚的儿童说的是萨摩亚语。当他们移居到加利福尼亚州时，已经具备了萨摩亚语的基本知识，一些老师甚至比他们所掌握的萨摩亚语更少。所以，在萨摩亚语上儿童比老师更为精通。在研究中，他们所使用的语言是经常转换的，从英语转换为萨摩亚语，然后再转换回来，有时候都可以听到儿童在纠正老师的萨摩亚语的发音。通过这些分析，研究者发现保留第一语言的主要作用在于保留了文化的身份与传统。在这里，我们可以看到社会和社群在学习中的巨大影响以及文化工具的有力效果，在社会和社群中不仅学习得以发生，身份也得以形成。

---

① 希律王（Herod），圣经中以残暴著称的犹太国王。

回顾与展望

在这章里我们提到,当维果茨基提及中介时,他指的是使用一些可交流的系统来表征或作用于现实,这些可交流的系统指那些可用来在个人之间或群体之间交流思想和观点的方式。他将中介视为所有认知的基础。

对维果茨基而言,在学习中他人的角色是非常重要的,这里的他人不仅指成人,也指其他儿童。他认为,通过社会化(即与他人的交往)儿童进入到文化当中,而通过参与到他人的活动当中,儿童将文化中的常用工具进一步内在化。所以,与他人分享一些事情其实是儿童参与到他人文化中的第一步。我们同样也了解到有关文化工具的相关信息,并看到它们可能是物质材料,或者是可交流的系统,它们能够帮助人的思维发展。所以说,儿童自出生起就处在某种文化当中,通过理解文化中的各个方面(包括实践、信仰和价值观等),儿童成为该文化中的一部分。通过使用作为工具的可交流的系统,儿童的思维得以发生改变。

维果茨基说道:

> 在行动过程中工具的使用(a)产生一些新的功能,这与对工具的使用与控制有关;(b)取消一些不必要的自然过程,让工具取而代之;使工具性行动发生时的所有心理过程的进程和特征(如强度、持续时间、序列等)产生变化;以其他一些功能取代现有功能,如同新的技术工具重新创造了劳动生产结构一样,它重新创造和组织了行为的整体结构。
>
> (维果茨基,1981:139—140)

下一章我们将着重讨论文化和环境的重要性。

术语表

词语或短语	含义	意义
人工产物	一个群体或文化中的人们所创造出来的物品	人工产物包括物品或体系这样的文化工具
集体活动	大家一起分享和协商的这样一些活动	学习是社会性的，所以我们提供的集体活动越多，分享和协商的机会也就越多
可交流的系统	语言是一种可交流的系统，是我们交流观点的方式	许多的学习都有交流在其中，因此我们需要对这些系统有足够多的了解
文化工具	见第一章术语表	
文化	见第一章术语表	
参与式指导	芭芭拉·罗戈夫所创造的术语，用来解释成人与儿童在现实处境中合作所产生的学习	它是帮助儿童从认知依赖发展到认知独立的一种方式，因而是非常重要的
高级秩序心理机能	能够做出分类、排序、概括、比较等	我们需要努力使儿童发展出这样的一些抽象概念
历史的	是一个日常用语，指代对于过去的学习	它的意义在于提醒我们去尽可能多地了解儿童已经知道的、他能够做的以及他之前有的经验
身份	一个有着复杂概念的日常用语，与自我概念有关	当儿童开始理解他是谁、他在哪以及他人如何看待他时，他发展出对于自我身份的认知
工具的	在维果茨基看来，它意味着使用文化工具以带来认知的改变	理解概念本身比理解词语更重要
内在化	维果茨基思想中的一个重要概念，它指的是那些内在的、并不为他人所知的事情	内在化标志着儿童开始不需要物品或情景的帮助就能够处理概念
外部的心理过程	儿童和他人之间所分享的东西	理解概念本身比理解词语更重要
内部的心理过程	儿童内在的事物，即已经被内在化了的东西	理解概念本身比理解词语更重要

（续表）

词语或短语	含义	意义
中介	一个核心概念，它指的是使用人们创造的文化工具来解释这个世界	很难恰当地总结，但一定要确保你已经理解这个概念
记忆	一个日常用语，表示有能力回想之前所经历的事情	记忆是一个关键的工具，它能够使学习者不需要借助真实的物品就能够处理抽象概念
助记的	一种帮助记忆的工具	一种帮助记忆的工具，但是随着内在化的产生，也就不再需要它
有经验的他人	维果茨基认为并不只是成人可以引领学习，有经验和知识的儿童也可以这样做。有经验的他人指的是有些人在某些事情上更有经验	这个概念是很重要的，因为它将使我们意识到，儿童在他的所有际遇中都能够学习，我们也可以通过其他儿童来帮助新生学习
参与	意味着加入或参与	见第一章术语表
心理生物学的	一种与情绪有关的工具，与自然的、社会的、文化的和环境的连接也是相关的	
表征	指的是"代表"，或照字面上来理解，即再提出或重新提出	了解儿童是怎样表达他的思想与观点
符号学的	在以后的阅读中，你还会经常碰到这个概念。它指的是对于信号和符号系统的学习	由于在学校里学习的儿童都会使用到符号，与儿童一起工作的人们对于符号学的了解就是一项必要工作
信号	一些表征物品或观点的东西。如三角形道路的标志象征着危险	是符号学系统的一部分，因此很有必要了解它
符号	一种代表或者表征某事物的东西。如邮件的符号是✉	是符号学系统的一部分，因此很有必要了解它
象征的	表征另一个事物的东西。幼儿在玩假装游戏时会使用某物来代表另外的物品	理解它非常关键，因为这是儿童学会使用语言、数学、音乐等符号的文化工具的方式

CHAPTER THREE
More on culture, context and tools

第三章
文化、环境和工具

在这章中,我们将进一步探讨维果茨基关于文化的概念以及这一概念与那些从事儿童教育的人之间的关系。我们经常被告知说,我们要关注儿童在家庭、社区或者以前所接受的正式或非正式的教育中所学到的东西,而很少将这些东西用文化一词来理解。所以说,要想理解维果茨基所提出的知识世代相传的方式,我们有必要清晰地把握维果茨基所说"文化的"一词的概念。

发展与文化

为了保证我们有一些共同的理解,我们先来界定一些术语。我们将从"*发展*"一词开始。看到这个词,也许你会想它对你来说意味着什么,或者说它是否对你理解人类的行为与进步有帮助。但是你在生活中肯定经常用到它,也许是在谈论儿童发展的时候。关于发展的含义人们有一些共识，即认为发展是指人类机体（我们假设的人类的发展）从怀孕到死亡这个过程中所经历的身体、社会和智力变化的顺序。发展包括怀孕、出生、婴儿期、儿童期、青年期、成年期和老年期这一系列过程。也许我们会联想到莎士比亚的"人生七阶"。所以说，发展表示改变。但是它并不能解释改变何以发生，在某个阶段是否有进步，或者改变的实际过程是怎样的这样一些问题。你也许会注意到这个概念并未提及文化。

关于文化一词，我们再重复一下我之前已经提及过的一个定义，这里我还会再提供另外一个定义以供比较。在上一章中，我们提到文化被定义为是群体中的人传递信念、价值、人类工作和思想的产物的方式。这里还有另外一个定义，由安德雷德（D'Andrade，1996）所提出，他认为文化是过去人类成就的社会性遗产的载体，它充当着现今社会群体生活的资源。从传统意义上来说，这里的社会群体指的是某个国家或地区的居民。因为这个概念的冗长和复杂性，我们很有必要将这个概念再读一遍，也许你可以划下一些关键词。对我而言，关键词是"社会的""遗产""载体""人类成就"和"资源"。这个定义可以说简洁地表明了文化的精髓。在群体中的人们通过创造思想和物品，改变了自身的思想和周围的事物，这个过程还在持续进行。迈克尔·科尔（Michale Cole，2006）做了这样的一个总结：

> 一项新工具发明后，食物产量提升。结果，人的脑容量提升，赛跑技能得到发展，而这又将带来更多的事物、更好的居住条件和更长的寿命。接下来，更大的社会群体出现，人脑也愈大、愈复杂……这样的过程在反复进行。

安德雷德所提到的"成就"一词也许指的是人类所创造的物质材料，如罐子、篮子、电脑、汽车、桌子或iPods，也有可能指的是概念性的事物，譬如说宗教信仰、热力学定律、语法等。物质的和概念性的事物都同时并存于文化实践、做事情的方式、信仰和价值当中。它意味着物质的和概念性的事物共同形成了群体中的一些常见的做事情的方式，也就是说这些方式都是由物质资源、行为和信仰方式所决定的。下面我们来举一些例子：

> 在一个山脉地区，意大利小麦易于生长，所以它是非常丰富和便宜的。正因如此，在本地所创造出来的一些菜品都是用意大利小麦粉作为原料的。
>
> 在南非，就像其他许多国家一样，那里的人们热爱音乐，但是却缺乏西方的各种乐器，因此，他们利用自然的、处处可见的材料创造出许多自己的乐器，比如鼓、拇指琴和木琴。

在一种文化中生活，我们就成为文化中的一部分，这使得我们很少去思考，在那个文化里是什么使我们成为现在的自己。常常是等到由于某些原因人们失去自己的文化时，他们才能够清晰地描绘出他们的文化是什么。

文化的丧失：流亡中的人

那些离开自己家乡的人的经验是有意义的，因为他们可以清晰地描述出文化在我们生活中的重要性。

埃尔比·塞克斯（Albie Sachs）是一个南非的律师，最近他在伦敦的一个演讲中讲述了他从南非流亡的经历。由于他的信仰问题，他受到关押和拷问，最后他拿到了一张"出境许可证"到了英国。"出境许可证"意味着他从此以后不能够再回到南非。他会说英语,他的肤色也并不会让他显得尤为与众不同,但是他发现自己到了一个完全陌生的环境中,融入新的文化对他而言非常艰难(他认为自己是失败了)。尽管他人都在尽力欢迎他,但他还是觉得很疏远。他在英国学习、生活了许多年,然而当一个可以去莫桑比克(离南非更近)生活的机会来临时,他毫不犹豫地抓住了这个机会,他认为那里的文化与他以前生活的文化更相似,所以对他而言许多事情就好办得多。

保罗·弗莱雷(Paolo Freire)是巴西著名的教育家,他流亡于其他国家近二十年。与塞克斯一样,他也是因为自己的政治立场以及为贫困的人、未受教育的人和受压迫者发声而被迫流亡。在一次安东尼奥·方德斯(Antonio Faundez)对他的访谈中,弗莱雷提到他在流亡的过程中对于自身的巴西文化有了更多的理解。他说,通过每一天的不同生活的体验,他逐渐学会成为这种新生活的一部分。他感到自己已经融入其中,并且学会了里面的"游戏规则"。可是,他认为自己不得不学习这些不同,不得不学会与不同生活,然而有一些规则是他永远没有办法内化的。其中有一个就是他所处的新文化(在欧洲和美国)中人们对于人的身体的态度,这种态度与巴西文化中对于身体的态度截然不同。他说道:

> 这是人的身体,无论是年轻还是年老、胖或瘦,无论是哪种肤色,是这样的有意识的身体,朝向星空。是身体在写作;是身体在说话;是身体在斗争;是身体在爱恨;是身体在忍受;是身体在死亡。我很想用我的双手充满情感地扶住他人的双肩,但很多时候却发现我的双手停留在半空中,因为我想扶住的那个身体躲开了我的手,拒绝与我接触。
>
> (弗莱雷和莫西度,2001:2004)

在随后的一个访谈中，弗莱雷提到对于那些离开了自己文化的人来说，最严重的问题在于他们不得不时常远离那些对他而言陌生的日常生活。他认为这就像某人时刻处于警惕状态一样。在弗莱雷看来，文化意味着那些构成群体生活的所有事情，包括手势、词语、与他人的关系和与其他事物的关系等。在一个新的文化中生活，意味着学习一门不同的语言、饮食习惯的改变以及接受其他不同的文化。

对于我们这些从事与儿童相关工作的人来说，了解这些内容的重要性将是不言而喻的。几乎在每个群体或环境中我们都会碰到这样一些孩子，他们的父母有着流亡的经历，或者是有着处于新的陌生文化中的经历。如果我们希望帮助儿童轻松地进入新的文化，我们最好能够更多地理解离开自己的文化而不得不适应另一种文化究竟意味着什么。

发展的生态状况

这个术语维果茨基本人并未使用过，它是在维果茨基去世以后发展起来的。但是，它对于我们理解文化在发展中的角色非常有帮助。这个术语指的是*构成儿童的发展环境的一些复杂关系，如社会的、文化的和生态的关系*等。简单来说，这个术语的含义如下：

- *儿童生活的场所以及儿童在日常生活中所交往的对象*；
- *将儿童带入到家庭和社区习俗的儿童教养和社会化的方式*；
- *父母的心理特征*，尤其是教养孩子的方式、对孩子未来的期待等产生影响的特征。

如果你们熟悉布朗芬布伦纳（Bronfenbrenner）的研究，就知道他的理论模型是由一系列的同心圆所构成（见图3.1）。在这个模型里，儿童被放置在中心位置，围绕在儿童旁边的是*微观系统*，包括儿童所生活的家庭（儿童、父母及兄弟姐妹）、宗教环境（儿童、同伴和成人）、学校（儿童、教育者和同伴)、邻舍(儿童、成人和同伴)。第一个同心圆描述的是*中间系统*,指的是家庭、学校、邻舍和宗教环境间的交往。第二个同心圆是*外层系统*,指的是当地企业、父母的工作环境、当地政府、媒体和学校、环境管理委员会等实际的或潜在的影响。最后也是离儿童最远的是*宏观系统*,指的是影响儿童和家庭的一些主导型的信仰和意识形态,譬如说法律。

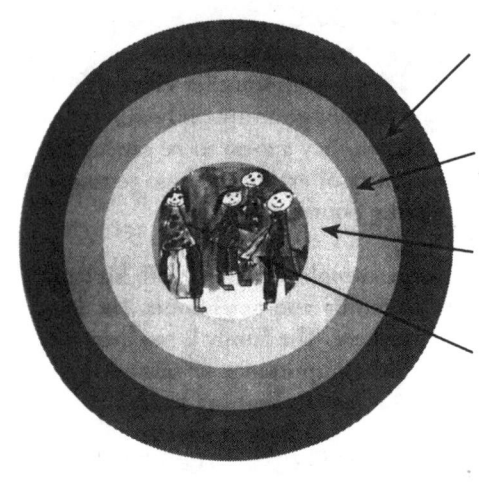

宏观系统:远离儿童与其家庭的日常生活,但是对信仰、政治和意识形态做出规定。

外层系统:对儿童与其家庭生活有影响的企业、当地政府、媒体等。

中间系统:家庭与周围社区(如诊所、清真寺、学校、环境等)的关系。

微观系统:儿童处于此系统的中心,包括儿童、家长、兄弟姐妹、祖父母、宗教环境、教育者和其他对于儿童有影响的人。

图3.1 布朗芬布伦纳的生态系统

这里有一些个案研究可以帮助我们来理解。

四岁的耶利米(Jeremiah)刚刚开始他在学校的小班生活,他的哥哥姐姐也在这所学校上学。他的父母都很希望他能够上一所犹太学校,接受和他父亲同样的教育。他们居住在这个城市中产阶级生活区域的一所大房子中。父亲是律师,母亲是大学讲员。所有孩子都学会了弹奏乐器,母亲每天都会督促他们练习,并且参加他们的课程。孩子们的家庭作业也是被检查的,一旦孩子在学校里出现问题,母亲就会立即出现在学校。家长很重视孩子学业的成功,如果孩子在考试中表现很好，他们将得到父母的奖励。父母非常支持现任的政府，该政府热衷于限制移民和奖励私人企业。

耶利米的微观系统里包括他、他的兄弟姐妹和父母，犹太会堂和那些在会堂的人，犹太学校及那里的教师和孩子，当地的邻舍即他的祖父母、阿姨、叔叔和堂兄弟姐妹等。微观系统中各个方面的关系是正常、可预测的，它们之间并无大的矛盾。他们家庭所结识的人大多上的是同样的学校和会堂。同样，他的父母过的是中产阶级的生活，从事着专业性的职业，周围的人也与他们背景相似，因此他们很少受到外层系统的影响。他的家庭支持政府和政府的各项策略、信仰和政策，因此他们对于宏观系统也是很满意的。

四岁的沙哈·贾汉（Shah Jahan）没有上学。他和他的父母一起生活在拉贾斯坦邦沙漠地区的一个农村小屋里。家中还有另外三个孩子，他们都与妈妈一道在地里干活。他们本应去学校，但是他们家离学校实在太远了，因此父母认为他们最好能够离家近一些，这样也会安全一点，因为这片地区经常有抢劫的团伙出没。尽管如此，父母还是很重视孩子们的学习，住在隔壁小屋的家中最年长的姐姐每天晚上都会花一两个小时来教其他孩子。他们都在学习阅读，并且都会写字。由于他们需要帮助爸爸送货物到市场，他们对于算术和钱的管理都很熟练。爸爸每天晚上都会给他们讲故事，所以他们知道很多的故事，他们会相互讲故事，并且利用周围环境里的材料制作人物来表演这些故事。沙哈·贾汉喜欢画画、涂色，他能够通过挤压浆果、花瓣和树叶来做各种颜色。这是他的祖母教他的。他的家庭对现任政府很不满意，虽然国家变得更加富有了，但是他们似乎越来越贫穷。他的父母常说，印度是一个两极分化的国家，有钱的愈发有钱，而贫困的则愈发贫困。

沙哈·贾汉的发展的生态状况是更为复杂的。他与他的家人一同在农村地区生活，与家人和邻居都有联系。他并不去学校，也不去做礼拜。他的家庭忙于生计。但是，他的家庭还是很重视教育，确保孩子们能够学习阅读和写字。中间系统在他们的生活中很重要，因为孩子们经常与父亲一起去市场卖东西，他们也正是在那里学会了算账。当我们看到沙哈·贾汉用自然颜料作画、家中的孩子用自然材料表演故事时，我们可以看到这个社区的传统在代代相传。宏观系统对这个家庭的影响是巨大且消极的。他们意识到在这个国家里，他们有着永无止境的贫穷，而部分人的财富却不断增加。

当丽塔（Rita）决定要生小孩的时候，她已经想好了自己要做些什么。她读过一些关于胎儿有听力的文章，所以她决定让她的宝宝在未出生之前就处于"美好音乐"的环境之下。即使她本人不爱古典音乐，她在怀孕期间也坚持每天下午听一个小时的莫扎特音乐。她认为宝宝应该出生在家中，所以她花了好几个月的时间来准备宝宝出生时的房间。她希望能够找到一个生育同伴，正好有一个好朋友答应了她的请求。新生儿取名为艾姆博（Amber），她睡在父母床边的一个灯芯草篮子里。丽塔认为不应该让宝宝感到痛苦，所以只要听到宝宝一点声响，她就会抱起宝宝，喂她、安慰她。你可以想象一下这个小女孩将是怎样长大的。

在这里你可以看到宏观系统对这个小女孩在出生之前就产生的影响，这种影响主要是指媒体给母亲所传递的价值观。所以说，文化在儿童出生之前就有影响，并将持续终生。

如果你回想你认识的儿童，你会发现他们生活中的各种因素（无论远近）所带来的复杂性，这对他们的生活都产生着影响。科尔认为文化是人类生活的特殊媒介，它在儿童的生理和环境中产生的经验之间的相互作用中充当中介。

生理的作用

维果茨基认为，当心理的现象在被文化过程和文化中介组织起来的时候，它也必然涉及*生理*的过程。如果你比较生理在一个婴儿和一个四岁儿童的生活中所起的作用，你会发现生理在婴儿身上占据的影响会比儿童大得多。这是因为社会经验在人类生活中逐渐占据重要地位，生理的影响也就随之减弱。瑞吉欧·艾米莉亚的 *asili nidi*（托儿所）的教育者充分意识到了这一点，并将其体现在教育实践中。他们在为婴儿安排的*一日生活流程*中，生理的需要占据了大部分时间。然而随着儿童的社会化程度提升，安排给生理需要的时间越来越少，交往和游戏开始占据主要位置。生命早期自然决定的行为占主导地位，它们由本能和荷尔蒙所控制，包括微笑、抓握、哭泣、够物和固执等。不难想象的是，环境里的他人对婴儿的反馈使得婴儿的这些行为逐渐发展为社会性的反应。

在伦敦的地铁上，一个 12 个月大的小女孩坐在她的婴儿车上，她时刻留意着周围所发生的事情。当地铁中的通知响起时，她就竖起耳朵听，她的眼睛也会一直盯着地铁上显示站点的显示牌看。但是当一个年轻小伙子进来坐在她的对面时，一些有趣的事情发生了，而这应该是一个儿童的早期社会化的典型案例。这个年轻小伙子朝她微笑，她也朝他微笑，并且还伸出自己的小舌头。他学了学她的动作，还朝她眨了下眼睛。她现在还不会眨眼睛，所以她就在她的眼睑上弹了一下手指，等待着他的回应。他又朝她眨了下眼睛，这时候她用双手盖住自己的眼睛，紧接着又拿开。她想要邀请他玩躲猫猫的游戏，他们开始玩起来。过了一会，她将注意力放在车厢里的另一位男士身上，那位男士并没有注意到她，而是非常专注地在和他旁边的女士聊天。在整个过程中，他不断地点头。这个小女孩很认真地观察着，当那位男士停止点头时，她开始点起头来。车厢里的其他人都看着小女孩的小动作笑起来。这时，一对西班牙夫妇带着他们的女儿进来坐在小女孩的旁边，他们的女儿跟小女孩的年龄差不多。两个小女孩很快认出彼此，朝对方微笑，刚开始是很短暂的笑，到后来两人大笑起来。过了几分钟，她们开始去摸对方的手指，够对方的头发，发出一些类似于说话的声音，最后她们在父母的鼓励下跟对方招手再见。这就是一个典型的儿童之间的关系与对话。

儿童早期的微笑、抓握等行为是非常简单的，也许是无意识的、自然而然的一种反应。维果茨基将这些行为归于*初级的*，或*低级的过程*。他观察到，由于婴儿有这样的一些低级机能，他还处于生理世界之中，能够对与他有直接影响的东西做出反应，但是还不能够理解这个世界。维果茨基认为婴儿对于世界有着直接的盲目反应，而为了成为完全的人，我们必须发展出高级心理机能来作为我们与世界的中介。在维果茨基和鲁里亚的著作中，他们提到幼儿要想从这种原始感觉的初级阶段过渡到对于外在世界的适应阶段，他们需要经历一次有意义的文化重构。

我们接下来要继续讨论创造文化工具以及让有着较少经验的学习者来使用文化工具的重要性。

货币作为一种文化工具

现在我们来看一个在世界大多数文化中都很普遍的、有着不同形式的文化工具，那就是货币。我们在这里谈论货币是因为受到了马歇尔·科尔（Michael Cole，2003）研究的启发，他在最近的一场演讲中用货币作为他的案例。你也许会认为，货币起源于贸易系统，在这个系统里两个不同群体交换各自所需的物品。你也许读到过这样一些账目：一头猪换三袋土豆，一件织好的毛衣换一些奶酪，一个鼓换一袋盐，等等。这样，贸易和交易系统在所有文化中得以发展。相对应地，一种银行系统在某些文化中产生，因为人们需要将有价值的物品保存在安全的地方。一段时间过后，有关银行存物的收据或书写记录系统得以产生。

第一种货币的系统是以可称量的珍贵金属的形式出现。可称量就意味着可比较，越重也就越值钱。经过一段时间后，一种可计算的货币系统才得以出现。货币的原始形式是由一系列具有相同特征的物品制作出来，如玛瑙贝壳、铁钉、刀片等。过后，一些文化开始使用硬币，这些硬币很容易被仿造，而且由于是由劣质的金属所制，它不能够用来交易一些大的、稀缺的珍贵资源。当珍贵的金属开始被用于制作硬币时，它的上面往往会有题字和印章以显示它的真实性。货币成为支付的一种方式。后来渐渐发展出纸币，当然还不是那么普遍。

一种可计算的、以硬币为主的货币系统在世界上得以发展，在硬币上通常有题字和印章来显示它的真实性。一个交易者可以携带100个硬币去售货者那里买一件物品。随后，人们意识到携带100个硬币是非常不便的，因而一种带有面额的硬币被创造出来：10个10元的硬币与100个小硬币是等值的；2个50元的硬币与100个小硬币是等值的。这些你都是清楚的，因为这在日常生活中很常见。随后，货币成为一种计价单位和一种常用的衡量工具。它的重要性在于它可以帮助人们比较价格、知道一件物品的价值，并可以保证他们与他人所交换的物品是等值的。

硬币（后来的票据）的产生使以前那些不可能的交易都变得可行。你能够想象有哪些交易吗？最典型的一种应该是贷款的系统。如果你没有足够的钱来购买你想要买的东西，别人也许会好心借给你一些钱。由此一种债务、利息和抵押系统得以产生，最终产生股票交易市场等等。

科尔提到，"货币（money）"一词来源于罗马女神莫内塔（Moneta）的名字，她是诸神的王后，常被人称为朱诺。但是，Moneta一词翻译自希腊语Mnemosyne，她是记忆女神和缪斯之母。Moneta衍生于拉丁语moneio，意指"使想起，提醒，回忆"。"货币"一词竟然与拉丁语中的记忆是同一个根源，这是多么有趣啊！

所以说，货币同时作为一种文化工具和一种*物质工具*在起作用。作为一种文化工具，货币改变着我们的思维与实践，儿童通过与他人的社会交往也被带入到交易和货币的世界之中。在日常生活中，我们在使用货币时已经不用再思考货币的价值，然而我们常常可以看到儿童在努力理解一个硬币代表什么，它怎样才能与其他10个硬币等值。儿童经常会问到关于钱、信用卡、支票、银行、借款或贷款的问题，而这些概念都与货币有关。在玩商店游戏时，儿童往往对这样的一些问题感到困惑，譬如说，钱从哪里来？零钱意味着什么？谁将有报酬？怎样获得报酬？谁发这些报酬呢？下面这个例子可以说明儿童是怎样理解和使用货币这个文化工具的。

三岁大的里纳尔多、查理和艾莉诺在花园里玩耍。他们发现了一些石头和松果，就在一间小屋里开起了小商店。里纳尔多说他是店主，查理就问他店里卖些什么东西，里纳尔多回答说他店里卖的都是食物。查理想知道得更具体一些，所以里纳尔多拿起一张纸和一些笔，在纸上画了很多标记。

他说："这个商店里卖的东西有糖果、薯片和……嗯，冰激凌。"

艾莉诺跑过来说她想买一些糖果，里纳尔多就问她想买哪一种。

"我想要一些软糖，只要粉红色的那种。我喜欢粉红色的东西。"

里纳尔多摆弄了一会，递给了她两个松果："这是你的粉红色糖果，你得付我钱。"

艾莉诺将手伸到她的口袋里，接着说："但是我没有钱。"

查理跑过来递给她两颗石头，说："这是你的钱。"

她将两颗石头递给里纳尔多，里纳尔多将钱放进了他的"柜台"里，说了声"谢谢"。

艾莉诺对里纳尔多说："我给了你两张钱，你得找零钱给我。"

"好的！"里纳尔多说道，并递给艾莉诺三颗石头。

"谢谢你！再见！"艾莉诺说道。

查理大声叫道："不可以！当你只给他两颗石头的时候，你不能够得到三颗石头的零钱。不能这么算。"

里纳尔多回应道："她给了我两颗石头，我给她两颗糖果，这是她的零钱。"

查理开始变得很恼怒，他说道："当她给你两颗石头的时候，你不能够找给她三颗。"

这时候，一个大人走过来问到底发生了什么。孩子们将事情解释给她听，她立刻明白了其中一定有小孩不太能理解零钱的概念。她回到屋内拿出一些玩具钱币，给他们看了一下一便士的硬币和十便士的硬币，并且解释说，虽然十便士的硬币只有一个，但是它的价值和十个一便士的硬币是一样的。孩子们觉得很困惑，很快就不能专心听了，游戏就这样结束了。

但是一星期后，这些孩子在教室里又开始玩商店的游戏。艾莉诺制作了"一些钱"，并且给每个男孩都发了一张纸。

"这是英镑。"她解释道，还递给每个人两块橡皮泥。"这是零钱。当我给你一英镑的时候，你可以给我这些（她指着橡皮泥说）作为零钱。"

从这个例子中，你可以看出当孩子们熟悉了钱币和购物的概念之后，他们开始自己尝试弄明白零钱的含义。上面例子中的成人用一种抽象的方式和孩子们解释零钱，但是似乎并不奏效。而艾莉诺通过她自己所创造的"钱币"，在理解零钱上有了一定的飞跃。

当老师看到艾莉诺所做的"钱币"后，她把艾莉诺带到一旁，跟她聊关于英镑和零钱的事情。以下是他们的对话。

教师：你为商店制作了一些英镑和零钱，这真是个好主意。

艾莉诺：我妈妈有时候会给我一些零钱去商店里买东西。她自己不用零钱，她只用纸币和信用卡。

教师：当你妈妈用纸币的时候，她会得到一些零钱吗？

艾莉诺：当然了！她给店员钱币，店员会找给她好多的硬币。

教师：为什么她会得到零钱呢？

艾莉诺：因为她付太多了。这是她经常说的。她经常看着店员找给她的硬币,然后摇摇头。我也不知道为什么。

教师:当她用信用卡的时候,她会得到零钱吗?

艾莉诺:不会!因为那不是真的钱。她也不会用信用卡买糖果,只有买衣服和大件东西时她才会用信用卡。

教师:信用卡跟钱币是一样的吗?

艾莉诺:(大笑)不是,因为你不能够折它。

我很喜欢这个例子,它显示出儿童要理解他们在日常生活中所遇到的各种事情是何等的困难。零钱意味着找回一些钱,但是为什么要这样却不太清楚。大钱可以用来付那些贵的东西,像衣服之类的,并且钱可以折叠。而信用卡则更为神秘,它不可以折叠,所以它和钱是不一样的。

许多年前,伦敦一所小学中二年级的孩子被问到有关权力的问题。他们要根据重要性和权力的大小对学校的一群人进行排序,并说出他们排序的理由。他们说的理由实在太有趣。被排序的人包括:① 儿童;② 幼稚园老师;③ 幼稚园保姆;④ 学校女厨师;⑤ 卖棒棒糖的人;⑥ 教师助理;⑦ 学校门卫;⑧ 校长;⑨ 秘书;⑩ 教师。

几乎在所有的回答中,儿童的排位是最低的,而最高的是学校门卫或秘书。当孩子们解释他们为何选择秘书为最有权力的人时,他们提到"她拿着学校里所有的钱"。追问后才清楚原来所有的餐费最终都是交给秘书管理的。那些选择学校门卫的孩子的理由则是"他拿着所有的钥匙"。当问那些孩子们选择儿童为最没有权力的人的理由时,他们的回答是:"他们没有钱,不是吗?""他们就像我们一样是孩子。"正是在与他人以及其思想与价值的交往过程中,孩子们得出了这样的一些结论。

信号、符号和符号学

为了对中介和文化工具有更多的了解，我们要来学习一下*符号学*这门有关符号的学问。你也许还记得前面一章曾对符号和信号进行过界定。由于有一种理解世界的需要，人类希望能为这个世界创造意义。在戈登·威尔斯（Gordon Wells）的许多研究中，他将人类（尤其是儿童）称为"意义创造者"。他提到儿童理解世界是很困难的，他们大都通过创造、运用和解释信号的方式来理解世界。信号有许多种形式，如词语、图像、声音、味道、行动或物体，但是这所有一切信号在人类赋予其意义之前都是没有*内在*意义的。只要人赋予事物以意义，任何事物都能够被称之为信号，所以它一般用来代表其他事物而并非指代它自身。我们通常无意识地将某物与我们所熟悉的系统或习俗联系起来，进而将某物解释为某信号。这种信号的意义化使用即是符号学的核心所在。费迪南·索绪尔（Ferdinandde Saussure，1974）在20世纪早期开展过许多重要和基础的符号学研究，他指出，承载意义的事物（通常指符号，如词语）与它实际的意义之间并没有什么必然的关联。所以"马"的单词并不是一匹真的马，在英语中我们只是发明了一个"单词"来命名马。事实上，"马"的意义可以用任何一串字母来表示。在法语中，用来表示马的字母是c-h-e-v-a-l，但是马还是一匹马。在同个时期，美国哲学家皮尔斯（C. S. Pierce）提出三种类型的信号：图标、指标和符号。

现在让我们放松一下，阅读下面这则小故事，并回答后面的问题。这则小故事是这样的：

> 这是关于Wuggen和Tor的故事。
>
> Onz upon a pime a wuggen zonked into the grabbet. Ze was grolling for poft because ze was blongby.

The wuggen grolled and grolled until ze motte a tor.

Ze blind to the tor, 'Ik am blongby and grolling for poft. Do yum noff remike can gine some poft?'

'Kex', glind ze tor. 'Klom with ne wuggen. Ik have lodz of poft in ni bove.'

现在请你回答下面的问题：

1. Wuggen是在哪里zonk的？
2. 他/她为了什么而grolling？
3. 为什么他/她为了poft而grolling？
4. 他/她见到了谁？
5. 这个故事究竟在讲什么？

(Browne, 1996:36)

尽管这个故事是用一些不能理解的语言写的，但是我想你一定能够理解这个故事。这主要依赖的是你之前有关书面语言和故事写作的经验。作为一个意义创造者，你会想要去理解这个故事，并为它创造出意义。人的思维真神奇！

通过前面的一些案例，我们看到儿童是怎样理解一种事物可以代表或象征另一种事物的，这体现出符号的重要性。譬如，在前面的案例中儿童将钥匙和金钱视为权利的象征。我们之前也看到过儿童是怎样通过中介来获得理解的。斯科莱布诺（Scribner）在1990年写道，维果茨基之所以如此重要，是因为他最先意识到社会在事物与人身上的重要性。他指的是，我们所居住的这个世界是人类所创造，也是为着人类而创造，它充满着各种物质的和象征的物体（如信号、知识系统等），所有"事物都是在文化中建构的，有着历史的起源和社会的环境"（斯科莱布诺，

1990：92）。所有人类的行为（包括思维）都包含这些物体（信号或工具）作为中介。我们之前已经思考过，我们是否可以不依赖于语言而思维，结果发现某些文化工具和信号已经包含在思维之中。正因为所有的文化工具和信号都是人类所建造的，所以所有的人类行为都是社会的。

理解符号和信号的重要性的意义在于，对于我们这些从事儿童教育工作的人来说，我们有必要将儿童引入到那个由符号和文化工具所构成的世界中。我们希望将儿童带入阅读、写作、数学、艺术和音乐的世界中，因为字母、表意文字、音符和数字都是符号。它们都单独或组合起来表征着某种事物。我们来看一些例子。

- 数字1、2、3代表的是"一""二"和"三"。而"一""二"和"三"指代的是"一件物品""二件物品"和"三件物品"。
- =、-和+是数学概念中的符号，分别代表着两件或多件事物是同样或同等的、将某物从另一物中拿出来的过程以及将某物添加到另一物的过程。

通过这些例子，你可以发现用言语来描述比用符号来表征要复杂得多。符号可以用来概括概念，它可以被视为是概念的简写。

这里还有一些其他符号：

这代表什么呢？✉

你很快就能够认出它所代表的是邮件。

那么这个呢？☺

你会通过使用这个"表情符号"来表示你的愉悦或赞同。它通常用于短信或邮件中。

下面这个呢?

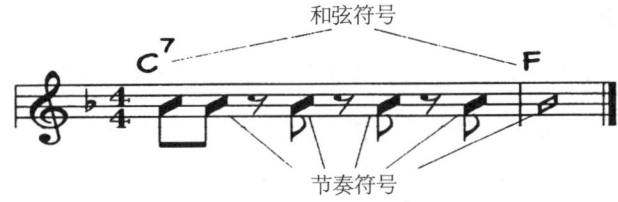

这个是乐谱,它解释起来就更复杂了。上面的每一个符号都代表一个含义。左边的第一个卷曲的符号是高音谱号,它告诉你在这段音乐中应该弹奏乐器中的哪个部分。它旁边的那个类似于b的符号指代的是你应该在弹奏哪个音的时候将其升或降半个音。第三个符号即那个看上去像两个4叠在一起的符号指的是每一小节中有几拍。条状物上的黑色标志告诉你该弹奏的音符,而它们中间的钩状符号告诉你哪些地方不要弹奏。这是一个复杂的系统,但是它清晰地告诉你该如何弹奏乐器或演唱。重要的是这种书写的符号意味着事物可以一直得以保存。每当人们弹奏某个乐章、念诗或读书时,这些音乐或文字都始终保持一致。这并不意味着没有改进的空间,而是说事物可以按原样保存,尤其是那些对于某些群体来说非常重要的书、诗歌或音乐。

维果茨基认为,儿童的意识来源于他与他人(包括成人与儿童)的交往,即对于社会世界的回应。通过这些交往(在这个社会世界中的游戏与探索),儿童学会使用信号或符号,并将其用于交往与理解。戴森(Dyson,1997)提到,儿童和有经验的他人在使用信号上所存在的差异是一个*互动空间*,在这个空间里他们将协商出一些共同意义和符号。这就是维果茨基所认为的儿童进入周围人的思想生活的方式,并由此成为他所在群体或文化中思想的一部分。这也是为什么三岁的儿童在进入到托儿所时就已经能够知道哪些事情是男孩子能做的，哪些事情是女孩子不能够做的，为什么制枪不太好，为什么他们总是应该创造自己的方式，等等。

回顾与展望

在本章中，我们对于发展、发展与文化的关系有了细致的了解。我们看到"发展"一词可以用来描述可观察的事情，而"文化"可以用来分析可理解的事情。我们也看到文化对于个人身份、与他人的关系的重要性，也看到了对于一个初次接触文化的人来说文化意味着什么。最后，我们也讨论了一下作为文化工具的符号。我们在以后的讨论中还将回到这些主题。

在下一章中，我们将更为细致地讨论语言这种最为重要的文化工具。它要求我们对于信号、符号以及学习的社会本质有更多的理解。

术语表

词语或短语	含义	意义
成就	与实现一词同义	
分析	细致地检验某事物的方式	当我们想要尽力去理解我们看见或听到的某些事物时我们会做的事情
asili nidi	意大利语词汇，指为婴儿和学步儿所创设的托儿所	
生理	生命和有生命的生物体的科学	对于儿童来说有许多种影响，而最初的影响是生理，这种影响是与生俱来的，并将延续终身
文化建构	指某群体的成员创造出共同的意义与价值	学习的一个重要元素在于使用和创造共同的意义与价值
文化	指所有由人类思维和工作所创造出来的、由社会所传递的信仰、价值观、艺术、工具、思想和组织	对于理解学习和教学是很关键的概念

(续表)

词语或短语	含义	意义
发展	指个人、群体或体系的有机的变化过程	发展与学习是相关的，但它们并非同义
发展的生态状况	用来描述生理和社会环境、历史建构的习俗、儿童养育的实践以及某种文化下的参与儿童养育的人的心理	它是一个有用的概念，能够帮助我们看到儿童所生活的不同世界和体系
初级的或低级的过程	像反射、即时反应等这样的基本过程	我们需要了解这些概念，以便能清楚地理解这些过程将如何随着交往和工具的使用而演变成为高级的心理过程
外部系统	超越于家庭、学校的环境，包括医生、商店等	布朗芬布伦纳对于社会的生态分析中的一部分，可帮助我们理解互相连接的系统
表意文字	一种用图像而不单单是字母符号来表征的象征性方式	可以让我们看到并不是所有的书写系统都是一样或是相似的
内在的	即基本的	
宏观系统	对于儿童生活影响的最广泛的环境，如国家法律等	布朗芬布伦纳对于社会的生态分析中的一部分，可帮助我们理解互相连接的系统
物质工具	一种实际的而不是象征性的工具，如笔、锤子、吉他等	在学习中使用物质工具和文化或心理工具都是重要的
中间系统	家庭文化与周围环境互动的场所	布朗芬布伦纳对于社会的生态分析中的一部分，可帮助我们理解互相连接的系统
微观系统	儿童家庭以及周围的环境	布朗芬布伦纳对于社会的生态分析中的一部分，可帮助我们理解互相连接的系统
一日生活流程	对于共同生活来说很关键。对婴儿来说，流程包括睡眠、用餐、更换（衣服、尿布等）等	是我们与年幼儿童交往的基本场所，也是儿童学习的场所

（续表）

词语或短语	含义	意义
符号学	信号和符号系统	它是文化工具的主要部分，因而我们很有必要去了解这些系统
信号	信号指的是指代或表征某物的事物	它是文化工具的主要部分，因而我们很有必要去了解这些系统
代表	一个日常用语，指代某物与其他物之间很相似	
符号	指代或表征某物的事物	它是文化工具的主要部分，因而我们很有必要去了解这些系统

CHAPTER FOUR
On language, concepts and thinking

第四章

语言、概念和思维

本章我们将探讨的是语言，在维果茨基看来，语言是"复杂的信号系统"中最有意义的一种。在他的《言语与思维》（首次出版于1934年，之后以不同的书名重印，如《思维与言语》等）一书中，维果茨基对于言语与思维的深层关系进行了详细阐述。他关注于理解无声的内在言语、有声言语与思维之间的关联性。他认为*内在言语*是由外在言语内在化而形成，在不需要语言的帮助能思考之前，年幼儿童最先的思考是自言自语的。由此你可以看到记忆也有这样一种相似性，它与思维一样有内在化的过程。思维与言语在起源上都是社会的。

内在化

内在化是维果茨基著作中最基本的概念之一。它对于我们理解人如何思考是非常关键的，因而我们现在要再次提到它。当某物品、人类的问题或情景不再直观地呈现（如没有外在的提示）时，人是如何对此进行记忆与反思的呢？这是一个核心问题。当一件事物内在化时，即意味着学习者能够对*外在过程*进行控制，并能将信号和符号作为文化工具使用。例如，当学习者学会使用书写语言的符号学系统时，她能够创作故事并写下来，并有意识地选择适当的词语和语法，进而确保故事的可理解性与逻辑性。你可以发现，在这样的过程中已包含了许多高级心理概念。

让我们一起先来看一下在幼儿身上所发生的事情。在幼儿行动或使用词语和文化工具时，他们对于这些东西的意义是不甚清楚的。例如，当幼儿得到某物时，他们经常被告知要说"谢谢"，但他们其实并不理解为什么要这样说。他们清楚的是，这样说将会得到周围成人积极的回应，但是他们并不明白为何说了这个词就被视为是"有礼貌的"，而不说的话就被视为是"无礼的"。同样的，幼儿有可能知道某词语的含义，但是他不能够理解其含义的广泛性，换个说法，即很难进行概括化。举例来说，当幼儿学会使用"苹果"一词来指代她最爱的红苹果时，她并不清楚这个单词还可以用来描述绿苹果、煮熟的苹果、野苹果、苹果酱等。名词用来指代物品，在儿童早期的口语词汇表中名词占了大部分。这是因为幼儿最初可接触到许多物品，而且它们的含义是直接而清晰的。但是，要让幼儿将这些名词用于其他场景或物品的群组，还需要一种概括化的高级心理机能。下面补充两点：

1. 当一个成人与儿童交往时，他们也许默认都在谈论同一件物品，如苹果。但是幼儿并不能理解"苹果"一词的全部含义，他需要一段时间之后才能够认识到苹果是水果的一种，而更长一段时间后他才能认识到苹果并不是蔬菜的一种。他需要理解一件物品因为哪些特征而隶属于某一种类，尤其是哪些决定性的特征使它从属于某一种类。

2. 儿童用一种孩子似的方式来使用词语或概念，而并非成人的方式。儿童也许知道苹果是"好的""多汁的"，但"营养的"这种成人的概念对他而言会太难。

内在化将使事物变得更复杂，尤其是刚开始，它甚至会让事情变得更糟糕。举例来说，辅助记忆的文化工具比学习者所获得的技能更为复杂，因而一开始学习者对于文化工具的使用是笨拙的、困难的。语言这种文化工具与思维是怎样连接起来的呢？其中的内在化过程又是怎样的？我们将继续探讨。

皮亚杰和维果茨基对言语与思维的讨论

你肯定听说过皮亚杰，并且知道他的一些思想。皮亚杰最广为人知的是他所提出的认知发展阶段论，他认为儿童的发展经过了一些阶段，从通过感知与运动来探索的第一阶段发展到最终的形式运算阶段。

皮亚杰的理论对于西方教育体系有很大的影响，也让我们对于学习与发展有了更多理解。但是在皮亚杰理论中，他并没有太多关注儿童的社会环境，在他那里，成人的角色仅在于为孩子提供活动与资源。对皮亚杰而言，语言是一种表征世界的符号体系，它和儿童推理与逻辑思维的行为之间并不相干。由此他演绎出，在幼儿做好"准备"之前，对幼儿进行言语的解释是没有多大用处的，通过解释来理解某种想法只能够在发展的正确阶段才能够发生。因此，在教育界中"准备就绪"是谈论得非常多的。

维果茨基读过皮亚杰的著作，他对于皮亚杰有关言语与思维的观点很感兴趣。在皮亚杰看来，儿童最初的、对于言语的自然使用是*自我指向的*，它仅与儿童的自身需要与要求相连。当*自我中心的*言语与思维转变为自我中心与逻辑间的连接之后，社会性的言语和逻辑才得以在后期出现。但对于维果茨基而言，儿童一开始的言语就是社会的，因为它总是出现在与他人的交往中。维果茨基认为，"自我中心的言语"是外在言语向内在言语转化的过渡阶段，即儿童在发展的初期阶段需要通过言语的方式来表达他的所做所想。这是一种自我中心的言语。当儿童不再需要将思维言语化的时候，自我中心的言语已经内在化，外在言语转化成为内在言语。

在这点上，维果茨基受到夏洛特·布勒（Charlotte Buhler）思想的影响，布勒曾在他的研究中提出一岁以下的儿童已经能够运用言语行为来作为社会交往的方式。儿童学会母语的过程是一项非常复杂和有趣的研究，在这里我们只能够简单地涉及。简单来说，婴儿通过与他人（主要是母亲或其他照料者）的交往学习到符号或信号的含义，并且在听到家庭中的语言后会模仿着来。

通过下面的案例，你可以看到儿童在模仿他们所听到的声音，进行发声所需要的肌肉练习，运用各种方式（如指向）来创造或分享意义，最终能进行命名和分类。这些都是儿童早期的发声和语言游戏，由模仿和练习过渡到真正的交往。这些案例都是从妈妈们所写的发展日志中摘录下来的。

艾塔经常在她的小床上自言自语，发出"aba aba"或者"da""ba"的声音。

詹朵躺在一棵树下发出"滴答"的声音，用自己的舌头和嘴唇。我们的语言（班图语）里有这样的滴答声。

艾塔和詹朵都在练习运用肌肉来模仿他们所听到的声音。你知道吗？在婴儿出生之前他们有模仿人类所有语言的潜能，但是当他们听到并模仿生活周围的一种或几种语言的声音时，这种潜能就会消失。

> 西奥盯着他想要的东西，并不时地发出声音。如果我们不对此做出回应，他就会盯着我们，然后再盯着他想要的东西。这是多么有趣啊！

西奥已经学会了通过指向来完成某事。在这个例子里，我们看到他通过眼睛指向他想要的东西的位置。他在传递他的需求。

> 德米望着一个桔子，我就会举着桔子问他："你想要这个桔子吗？这是你想要的吗？"他就会咧嘴大笑并点头。

在这里，德米也运用了眼睛指向的方式，当他得到桔子时他还运用了点头的身体动作。所以说，交流成为一个双向的过程。

随后，儿童开始学会用声音伴随着行动来表达自己的需求。通过与家人的交往，儿童听到周围的语言，并发现语言可以用来与他人交往、表达自己的需要。这种时候，儿童往往爱给事物命名。下面是内拉妈妈的一则日记。

> 我们带内拉去动物园，我不停地指着各种动物，并告诉她动物的名字。十五个月的内拉指着每一个动物，都大声地说"猫"。她似乎知道这些都是动物，而她的猫是动物，所以这些动物都可以叫作"猫"。三个月后，内拉开始指着她想要命名的事物说"Wot dat?"，坚持了很长一段时间。

前智力言语和前言语思维

在分析语言与思维的关系时,维果茨基对前智力言语和前言语思维做了一个区分。下面我们来界定一下这两个概念。

- *前智力言语*指的是,当婴儿在社会交往或练习他们在日常生活中所听到的语言发音时所进行的发音活动。上述案例中艾塔和詹朵所进行的发音活动就可以称之为前智力言语。

- *前言语思维*理解起来更困难,维果茨基指的是,他人运用口语的方式引起或分散儿童的注意力时所发生的事情,因为这种口语的方式仍是外在于婴儿的。下面我们将用丹尼尔·艾尔肯尼的例子(Daniel Elkonin,1995)来说明。

> 他提到一岁的孙子安德烈的故事。爷爷和宝宝在玩一个游戏,宝宝躺下来,爷爷一边唱着歌谣,一边拍着宝宝的脚。歌谣唱完后,爷爷还轻轻地给宝宝挠痒痒。当游戏结束时,安德烈抓起爷爷的手来指着自己的脚,想让爷爷再玩一次。这让我想起来之前汉娜的例子,她伸出她的腿,抬起她的脚并指着她的脚趾头,意思是想要再玩一遍游戏。

前智力言语在维果茨基看来是"原始的",它在没有智力活动或思维的情况下发生。这并不是说幼儿没有思维,而是说幼儿的思维在没有语言的支持下也可以发生。也就是说,有不需要思维的语言活动,也有不需要语言活动的思维。

维果茨基用这样的一些阶段来描述言语与思维的关系。

阶段一:在这个最初的阶段中,儿童行为中的动作和言语都是混合在一起的。此阶段的言语多是*指示性的*(即指向儿童所见或所想的事物），对象指向的（与某事或某物相关）和社会性的（用于交流）。下面的例子将展现这些语言的类型。

在下面的这个例子中，言语是对象指向的，因而儿童在命名或指向某一物（例如：宝宝）时，儿童并不需要该物，他只是在做简单的评论，或者说是在练习他的命名技巧。

> 一个妈妈带着宝宝沿着街道走，这时候她听到宝宝说了一声"宝宝"，她看到前面的婴儿车里也有一个宝宝。

下面例子中的言语是指示性的。一个孩子看到了商店里的香蕉，于是她指着香蕉说她想要吃。

> "Nana"，乌缪特说道，并指着水果商店的窗户。

最后这个例子中言语的目的在于交流。他希望告诉房间里的其他人一件事情，并表达自己的喜悦。

> 当乌利看到爸爸的车出现在路上时，他大叫道，"爸爸！"

由于儿童的周围有许多经验丰富的说话者和思想者，随着时间的推移，儿童的言语带有越来越多的指示性特征，以帮助他们更好地表达其需要和感受。

> 一个孩子被告知要放好他的玩具，他使劲跺着脚，并叫道："不，妈妈来做！"

阶段二：儿童开始能够运用*正确形式的语法*，所掌握的*词汇量也逐渐增多*，但是语言与他所做的事情之间有可能并不相关。

阶段三：儿童开始运用口语向自己或他人来解释或形容某事物。这种言语被称之为*内在言语或独白*，它是有意识的思考的前奏。

下面我们将举一个罗莎·莱文娜（Rosa Levina）的研究中的例子，她是维果茨基研究小组中的成员。她提到一个四岁小孩的案例。孩子想拿一些糖果，可是糖果放的位置实在太高了，她够不着。在解决这个问题的过程中，这个孩子一直在自言自语，她的独白或内在言语伴随着她的行动。由此，言语和问题解决是同时出现的。她首先爬到长椅上，试图跳着去够到糖果，她大声对自己说："这些糖果放得实在太高了……我要让妈妈来帮我拿。我想不到任何办法来拿到它，它实在太高了。"接着，孩子拿起一根木棍，看着糖果说："爸爸有一个大碗柜，有时候他需要去那里取东西。"她试图用木棍将糖果打落下来，她发现木棍在解决这个问题上实在太有用了，所以她决定要把这根木棍带回家。

阶段四：只有当这种内在言语完全地*内在化*（即儿童不再向他人说而仅限于对自己说）时，儿童将运用语言来*隐秘地、内在地、有意识地解决问题*。仔细想一想这里提到的每一个词。我们已经解释过"隐秘的"和"内在的"，而"有意识的"指的是言语已经成为一种思维的工具，儿童能够进行有选择的使用。你一定还记得在上一章中我们所讨论的内在化的概念。

我们再举一个肯纳（Kenner，2004）的研究中的案例。她描述了一个叫亚赞的孩子尝试学习英语和阿拉伯语的不同书写方向的过程。当一个同伴让他用英语写自己的名字时，亚赞使用了阿拉伯语的书写方向，即从右向左而不是从左向右。亚赞开始自言自语（即使用内在言语）："如果我从右向左写英文会怎么样呢？"在另一个情景中，亚赞用英文写下他妹妹的名字，他用从右向左的方式写下妹妹的名，用从左到右的方式写下妹妹的姓（Kenner,2004:97）。在这里，他在没有使用言语的情况下解决了他遇到的问题。

总结一下，维果茨基认为言语与思维的连续发展经历了以下四个阶段：

1. *原始*阶段。在这个阶段中，言语被用来交往和表达情感，儿童可以不借助言语参与到系统的、目标导向的活动中。这个阶段是前智力言语阶段，即言语和思维是分离的。

2. *实践智力*阶段。儿童语言中所使用的*句法*和*逻辑*形式（也许会使用语法的形式如句子、问题和陈述等）与儿童所做的事情是平行进行的，但也许并没有直接的关系。

3. 在第三个阶段中，儿童开始学会使用*外在符号*工具，如语言或其他文化工具，来帮助解决内在的问题。我们在观察儿童参与内在言语时会发现这一特点。

4. 在第四个阶段中，儿童*将符号工具内在化*，不再需要公开地使用语言来解决问题。在问题解决活动中所伴随的语言通常是为了反思之前所发生的事情而非是一种帮助思维的工具。

我们前面已经提到，皮亚杰将自我中心的言语视为一种不需要听众或观众的言语。他发现，儿童在没有听众的情况下，也能够快乐、满足地自言自语。你肯定也听过儿童这样的自言自语，它们经常发生在儿童晚上单独待在自己的小床上，或者在花园里的婴儿车里，或者在树底下的小地毯上的时候。儿童经常对自己生活中的一些经历自言自语、重复或者做出评论。对于皮亚杰而言，这样的自我中心的言语是没有社会基础的，然而维果茨基认为是有社会基础的。尽管维果茨基接受了皮亚杰的这个定义，但是他认为这种言语让人们对于儿童在沉默期间所做的事情有了更多的了解，这个阶段也被称为是通往言语思维阶段的"自言自语"阶段。所以说，自我中心的言语是一种过渡阶段中的现象。

维果茨基设计了一系列的实验，这些实验可展示出内在言语和内在化的言语的特征与目的。

- 在某实验中，维果茨基为儿童提供了一些吸引他们的活动，如绘画或游戏。在儿童投入活动时将出现某些干扰，儿童将碰到一些障碍或需要解决的问题。维果茨基进而分析了自我中心言语出现的数量，发现儿童在碰到要解决的问题时会将自己的思维言语化。*内在言语被用来帮助他们解决问题。*

- 在另外一系列的实验中，维果茨基试图展示出儿童的自我中心言语与产生言语的社会交流圈之间的关联性。换句话说，儿童在使用自我中心的言语时所期待的是他们的言语能被他人所理解，尽管自我中心言语的直接目的并不是指向社会的。为了能够验证他的假设，维果茨基评量了儿童在活动中的自我中心言语，然后在实验中引入某场景，即儿童会碰到某个完全不能够理解他所说的语言的人。如将一名耳聋的孩子，或者一位与被试说着完全不同语言的儿童带入房间，或者将一名儿童安排在离被试很远的地方，或者设置一些非常嘈杂的噪音。实验发现，在这所有的场景中儿童的自言自语减少，*他们开始大声地说话，这说明他们试图被他人所理解。*

在维果茨基去世之后，从事自我中心言语研究的研究者们开始关注到婴幼儿的私密言语。这种言语有时候被称之为*非交流的言语*（即言语并不是用来交流的），它比人们之前所想象的更为复杂，它从简单的重复发展到与虚拟对象的复杂和详细的对话。有一些研究者认为，通过模仿、记忆、重复、修正、练习并提升他们的语法结构、比较过去和现在的言语，非交流的言语在儿童的语言练习中起到了重要的作用。

萨米每天早上在她的床上都会自言自语："坐下，对面，

坐下，对面。"她似乎在验证她所创造的用来表达"坐在某人对面"的这个新词的正确性。

对概念的理解

在维果茨基的思想中有这样一种理论，即儿童所形成的*概念*（或理解）并非固定不定的，而是随着时间而不断发展变化的。他提到，我们不能说儿童是有逻辑的，但是我们可以去探究儿童的思维、逻辑和解决问题的能力是怎样通过经验和交往不断发展的。为了验证这一点，维果茨基采用了一种由他的同事列维·萨卡洛夫（Lev Sacharov）所发明出来的研究方法。这个研究设置了22个不同颜色、形状、高度和大小的积木。在每个积木的底部都写着一个无意义的词，这些词有lag、bik、mur和sev。你可以发现这些词都由三个字母构成。然而，lag这个词被写在所有的大而高的积木的底部，bik被写在所有的大而扁的积木的底部，mur被写在所有的高而小的积木的底部，sev则被写在所有的扁而小的积木的底部。这些积木随意地放在一块特制的木板上，在这块木板的四角分别有四个区域。实验者拿起一块积木展示给被试看，并说出积木的名称，接下来实验者要求被试选择一块与该积木同类的积木，并放在木板上的某区角中。分类结束后，实验者拿起那些分类不正确的积木，念出它们的名字，并让被试重新分类。

维果茨基认为，展示给被试的是两组相互影响的特征：一组是积木的物理特质；一组是积木的名称。其目的在于发现言语（即名称）与非言语（即物质特质）是在何时成为一种完全的功能认知系统的。在这个实验里，实验过程可以重复地开展，被试也可以通过选择一种或多种特征来解决问题。

维果茨基的结论是唯有青少年才能够形成固定的成熟的概念，而幼儿所使用的概念是一种*与功能匹配的*概念。他想表达的是，幼儿在解决问题时所依据的是他们对于积木与其特质的感受。所以他们会说出类似的评论，如"我喜欢这些积木""它们就是在一起的"。更为高级的思维者则通过利用积木的特征，根据一些潜在的概念（如颜色、大小、形状、无意义的词）来对其进行分类。对维果茨基来说，这是思维者能够到达的最后一个阶段，即*逻辑思维*阶段。

这里作一个提醒，维果茨基认为言语的社会活动与思维的活动过程是直接相关的。在他看来，思维是交流的一种文化中介的社会过程。

从日常概念到科学概念

当我们开始讨论从日常概念到科学概念的发展时，我们就开始触及维果茨基有关教与学的思想。首先让我们一起来界定一下这些概念。

- *日常概念*，如同你所想象的那样，是儿童在家庭与社区的日常生活中通过日常交往与活动所获得的概念。你应该还记得儿童获得概念的过程是以言语这一社会工具为中介的。所以，当儿童与他人游戏或交往时，他们发展出某些概念，这些概念被称之为日常概念或*自发性概念*。这些概念也许与做饭、饮食、去诊所、生病、弟弟的诞生、开始上学或度假等有关。换句话说，儿童通过交往以及言语的中介，学会了与他们生活有关的概念。对维果茨基和其他人来说，这些日常概念的长处在于它们是从直接的、*第一手的经验*中产生出来的，并且不依赖于记忆。我们这些从事幼儿教育的工作者应该知道这些概念，尽管我们并不用"日常概念"或"自发性概念"这样的术语来表达。我们了解儿童在上学之前和上学之后的经验的重要性，但其实儿童在家庭和社区的日常生活也是很重要的。

- *科学概念*是在正式的知识系统教学中形成的，而并非在日常生活的交往中形成。在正式的教育环境中，儿童会接触到文化中的一些抽象概念知识。例如，一个在肯尼亚上学的儿童会学到一些与在苏塞克斯上学的儿童同样的知识（如黑暗与光亮，长和短），但是也会学到一些完全不同的概念（如用牛粪当燃料）。通过与周围更有知识的人，成人或儿童交流，学习者将接触到一些更抽象和概括化的概念。

在一篇研究儿童如何学习日常概念的文章中，简和罗宾斯（Jane and Robbins，2007）展示出他们的孙辈学习科学和技术概念的过程。许多儿童都是从正式的教育环境中获得这些概念的，然而在他们的研究中儿童是通过与祖父母的丰富的交往经历而获得的。在研究中，他们发现最初儿童通过讨论与活动获得日常概念，然后儿童开始将概念内在化，并反思他们的这些理解，与此同时，成人也进行着相应的调整。

> 奥利弗在海滩上玩，他对于海滩上的一些玻璃为什么那么光滑感到很好奇，他问道："爷爷，当潮水褪去以后，海洋去哪里了呢？"
>
> （简和罗宾斯，2004：4）

> 七岁的本在他的房间里捆了很多复杂的线，然后他将他的生化战士和其他小玩偶放在线上，让这些玩偶从线上滑下来。本发明了滑轮和吊床，当一个小玩偶掉在地板上时，他立马在厨房角落那儿设了一个"医院"，并用洋葱皮做成石膏绷带，用牙签做成拐杖，并安慰着小玩偶大声地说："你一定非常疼吧！"
>
> （个人观察，见图4.1）

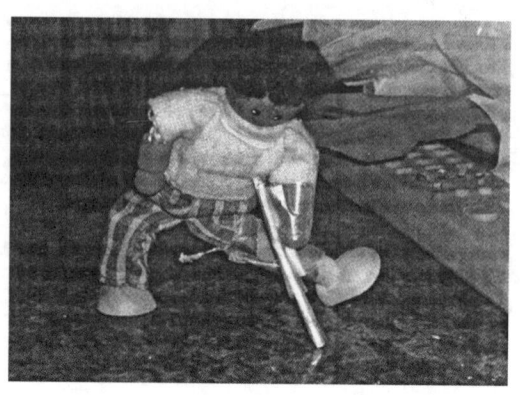

图4.1 本的玩偶,它身上有洋葱皮做的石膏绷带和牙签做成的拐杖

在这个案例中,我们可以看到儿童在真实生活的经验中,通过他们的交往与言语去探索复杂的日常概念。言语是一种用以支持学习的文化工具。刚开始言语是*人际间的*,即它产生于一个共同的社会文化活动中人与人之间的交往。随后它成为*个体的*,即在儿童的*内部*产生。它通过内在化的过程在儿童的内部得以发生。

戈登·威尔(Gordon Wells,1994)对日常概念和科学概念都进行了研究,由此概括出科学概念的四个特征:概括性、系统组织性、有意识性和自发控制性。下面用七岁的曼吉特谈论磁铁的案例来说明这些特征。

1. *概括性*:即一种归纳特殊性的方式。

老师让我们在课堂上想一想什么东西能够被磁铁吸引。我想那一定会包括所有铁制的东西。

2. *系统组织性*:指将抽象概念进行分层排序,并使用某些方式来检验这些概念。

为了验证我们最初想法的正确性,我们必须一一尝试那些我们认为会被磁铁吸引的东西。我的想法并不都是正确的。

3. *有意识性*：指儿童能够表达他自己对概念的理解。

我知道磁铁能够吸引铁制物品，也知道磁铁有两极，但是我并不清楚我是否明白这两极指什么、它们又有什么作用。我总是会联想到北极熊或者是类似的一些东西。当我告诉我的老师这些事时，老师笑了。

4. *自发控制性*：即儿童可以选择他想知道的东西。

我真的很喜欢磁铁这个有趣的话题，因为它可以用到很多的东西，看哪些东西可以被吸引，哪些不可以。那个词叫什么？哦！对了，（磁极间）相斥。

维果茨基认为，科学概念始于抽象的言语定义。下面有一些例子：
- 磁铁吸引铁制的物品。
- 偶数可以被二整除。
- 过去分词指的是发生在过去的事情。

关于概念的发展和维果茨基有关词语与含义的思想还有许多要讨论的内容，但是这已经超出了本书的范围。

反思的重要性

维果茨基认为所有的言语在其起源与功能上讲都是社会性的。这并不是说所有的言语都需要有听众。他也认为会有无思维的言语和无言语的思维。我们常常会认为这难以理解，但是我们可以看到一些人依靠图片，或数学功能，或其他手段来进行思维。伴随儿童行为和解决问题的意图的儿童早期言语常被称之为内在言语，而唯有当有意识的思维形成后，这种言语才能够内在化。*有意识的思维指的是思考或反思已经学过的东西的能力。对于学习而言，这种能力特别重要。*例如，自出生起就置于多种语言环境中的儿童能够对两种符号系统的相似性和区别进行分析，通过这种分析他们能够对于所学习的语言本身有所了解。他们在发展元认知的技能。元认知可以被定义为对于认知的认知。我们并不清楚维果茨基本人是否使用了元认知一词，但是他关于内在化的解释表明的是，当学习者意识到他所知所学时，他已达到一种高级心理机能。当然，自维果茨基去世之后，研究者们意识到学习中的反思的重要性，在肯纳（Kenner，2004）和格雷戈里等（Gregory et al.，2004）的研究中，他们发现了反思在儿童间的教学以及儿童反思所知和所能中的巨大作用。

回顾与展望

在本章中，我们讨论了维果茨基对于社会言语和内在言语的区分，以及言语怎样内在化以使思维和反思得以产生。我们也讨论了维果茨基有关儿童思维形成的观点，这使我们第一次谈论到他有关教与学的思想。在本章中有一些非常复杂的概念，但当你能够使其内在化之后，你（与那些你工作和交往的儿童一样）将能够反思你所学到的这些概念。

在下一章中，我们将开始运用我们之前所学习的那些内容。我们将重新讨论之前所提到的一些主题——中介、文化、文化工具、概念、语言等，并以此为基础来讨论维果茨基有关教育或教学的观点。

术语表

词语或短语	含义	意义
非交流的言语	一种不以交流为目的的言语	皮亚杰理论中的另一个概念
自我指向的	与儿童的直接需求相关	
复杂的信号系统	用于交流的系统，其中语言是最为重要的	
概念	思维或观点：在维果茨基的思想中，他提到了日常概念，即产生于有意义的场景（通常是对于物品的操作）的概念，以及科学概念，即产生于教学的概念	在维果茨基思想中，这个概念是非常重要的，因而我们需要细致地考量
有意识性	意识到你所达到的或所知的事情的能力	高级心理机能
有意识地	当学习者意识到某事时	一种高级心理机能
自我中心的言语	皮亚杰和维果茨基对此有不同的界定。维果茨基认为自我中心的言语是儿童的内在言语和外在言语的过渡阶段	对于理解幼儿的言语和有声的思维符号很有帮助
人际的	这意味着人与人之间的，由此人们可以分享观点	儿童从一开始通过交往来理解某事……
个体的	这意味着个人内在的，是一种隐秘的思维	……到能够自己理解某事。你看到这些概念与最近发展区的联系吗
逻辑思维	将某事与另一事进行连接以理解某事的能力	一种高级心理机能
独白	儿童在做某事时所使用的言语，后来它将会内在化	理解思维中独白的作用是非常关键的
对象指向性的言语	婴幼儿所使用的言语，用来表示他眼前所见的事物	对于语言学家和其他从事语言发展研究工作的人来说很重要
前智力言语	无思维的言语	维果茨基认为这是非常有可能发生的
前言语思维	无言语的思维	这也是有可能的，它一般包含文化工具的使用，如音乐、数学符号和画等

（续表）

词语或短语	含义	意义
指示性言语	一个语言学的术语，指儿童运用一两个词语来指代某物	对于语言学家和其他从事语言发展研究工作的人来说很重要
科学概念	通过直接教学所获得的概念，通常与抽象概念相关	一种高级心理机能
语法	事物的语法或将其整合的规则	
系统组织性	将某些事物用逻辑的方式组织起来的方式	
自发控制性	对于将做何事做出决定的能力	一种高级心理机能

CHAPTER FIVE
Learning and teaching

第五章

学习与教学

本章我们将回顾一下前面四章的内容，并说明它们对于学习与教学的意义。我们将分析前面我们所讨论的一些概念，以便让我们学习在教育中该如何为儿童的学习与发展提供支持。这一整章的内容将与我们的教学息息相关。

持一种社会历史的立场

在第一章中，我们讨论了维果茨基的生活以及生活对他的影响。换句话说，我们考察了维果茨基出生的时代背景对他的影响；他的家庭和社会背景，他在家庭和生活中所遇到的人，他的家庭教育、高中和大学教育对他的影响；以及阅读、与他人的探讨对他的影响。这种方法是社会的，因为它考察维果茨基与哪些人交往、有哪些交往；

这种方法还是历史的，因为它将维果茨基的个人史置于更广阔的历史背景下。这种社会历史的方法让我们可以在时间和空间的背景下理解维果茨基的思想。从事儿童教育工作的人都很清楚我们应该尽可能地去了解我们所面对的那些儿童。我们明白儿童是通过他们的交往和经验来学习的，因而这种方法对我们而言并不陌生。在许多学校和其他教育机构里，他们都会收集儿童在入学或进入机构之前的相关生活资料。然而，这种信息收集并不能很好地满足父母的真实需要，因为他们并不了解自己的孩子即将进入的机构是什么样子的，也许英语只是他们的第二语言，或者是他们需要很努力地工作，因而时间对于他们很宝贵。许多学校或机构都会请父母去填一份表格，有时候有人帮助他们填写，但更多时候都是在家里完成的。收集到的资料大都以纯粹的数据分析为目的，有时候教师甚至都看不到这些资料。

下面你将读到一段来自某儿童中心所发展出来的体系的案例，你可以想一想它是否会对你的实践产生影响：

> 马迪巴儿童中心非常关注儿童及其家庭刚开始进入中心时的方式。这是由于他们意识到建立起家庭与社区之间联系的重要性，由此希望对儿童的早期生活有更多的了解，并形成有利于儿童和家庭的合作关系。在一开始，当家长参观中心的时候，将会有一些与他们说着同样母语的人（在尽可能的情况下）带领他们参观，让家长可以看儿童在做些什么、儿童怎样与同伴和成人交往等。家长也可以问任何问题。接下来就会安排一次家访，当然是在家庭或照料人非常乐意的情况下进行的。中心的工作人员会去家庭中进行访问，与孩子相处一段时间，并为家庭提供一些有着不同活动相片的书籍、一些有关中

心的信息（采用的是社区中使用的主要语言），还有一张用来收集数据和其他信息的表格。里面有诸如出生年月、接种疫苗情况、在家庭中的排位、家庭常用的语言、儿童的早期经验、与核心成员的关系（父母、兄弟姐妹、祖父母、其他家庭成员、社区中的人等）、儿童的喜好、厌恶的东西、害怕的东西、喜爱的东西等。这份表格由父母或照料人以及中心里的工作人员共同完成。通过这样的一些方式，面对面的交流得以建立，这也是在儿童离开家庭之际家庭与机构的合作关系的开始。

卡丽娜·里纳尔迪（Carlina Rinaldi，2006）在瑞吉欧·艾米莉亚这样一个优秀的早期教育机构工作多年，她对于在儿童离开家庭进入机构或学校时家长和教育者将面对的诸多问题有过深入的思考。重要的是，她尤为反对家长对教育者做出评价，也反对教育者对家长做出评价。在她看来，没有什么所谓好的或不好的家长。我们必须要避免做一些老套的、肤浅的评价，因为这样将会破坏那些与我们生活经验不同的人之间建立良好关系的可能性。里纳尔迪也提到，现今的年轻家庭发生了许多变化，大家庭的方式已经瓦解，父母都需要学习或工作，或者二者都要，以维持生计或养活家庭。她建议我们在正式或非正式的交流中，都要考虑好我们与家长交流的方式。我们必须将儿童视为一个已经有能力的学习者，关注儿童所做、所学和所完成的事情。教育的过程因而成为双向的过程，一方面是儿童对世界进行更多的了解，另一方面是教育者对儿童和儿童的世界进行更多的了解。里纳尔迪提出，我们可以使用一些新的工具来记录儿童的发展历程，如相片、录像、幻灯片和图片等，通过这些工具来展示儿童在学校或机构中所说的和所做的有趣的事情。

最后，她也提到一些与家庭分享信息和情感的会面的新方式，在很多时候和场合中都需要以家庭或照料者的生活需求为会面的重心。

我们可以从中学习到什么呢？

要做到敏感的、有效的教学和学习，我们在一开始就需要对儿童的生活有尽可能多的了解。我们想要了解儿童在家庭和社区中感兴趣的和经常做的事情。我们也想要了解儿童生活中重要的人。我们想要了解儿童喜欢的、害怕的、享受的以及她生活中有意义的经历等。这是一种有双重作用的工具。一方面，它让我们的开端就建立在儿童已有经验的基础之上；另一方面，它让我们与家长和照料者之间开始建立起相互合作的关系。了解儿童的经验、文化和文化工具、支持他成长与交流的圈子、有意义的他人（成人和同伴），将有利于我们为儿童构建一个学习的世界以及为儿童提供另外一种文化。这就是教室或机构的文化，也是儿童生命中另外一个社会历史性的重要标记。如同鲁里亚所言：

> 我们不应该根据大脑或灵魂的深度，而应该根据每个人的外在生活条件，最重要的是根据每个人的社会生活的外在环境以及他们作为一种社会历史性的存在来解释人的行为。
>
> （1979：23）

中介和文化工具

在第二章中我们开始谈论维果茨基著作中的一个持续性主题，那就是中介。他认为人与世界的交往都以使用社会中的符号或文化工具为中介。这些符号是社会性的（由群体中的人根据自身的需要或价值所创造），包括语言、计数系统、记忆方法、代数符号、绘画、雕塑、音乐、书写、图标、计划、机械制图和道路符号等。对于在日托中心的儿童来说，他们与物质世界或社会世界的每一种交往都是以符号或文化工具为中介的。沃茨奇（Wertsch，1981）曾提到，在维果茨基的著作中可以发现中介的两层含义。这与维果茨基的生活有关，他在不同时期与不同的群体合作时曾使用不同的语言。在他的早年生活中，当他研究心理学时他是从个体学习者的角度来谈论中介的。也许儿童是通过语言，或与他人一道来探索事物的。在这些研究案例中，中介都是*外显*的。在维果茨基后期生活中，他对于教学有了更多的研究，他开始将中介视为是*不那么外显的*，或者说是*内隐*的。这主要体现在他提出内在言语的角色——内在言语即一种不可见的、不可视的或不明显的言语。内在言语是一种支持学习的文化工具，与外显的形式一样，譬如说从有经验的他人那里获得特殊的帮助。从一种依赖于外显的形式发展到能够使用不那么外显的中介形式，儿童成为独立的思考者。重要的一点是，这种内隐的中介并非由教育者所创造，而是根植于教室环境以及伴随行为的持续交流。现在让我们再回到原来的主题，思考一下这些信息对我们教育者来说究竟意味着什么。

对我而言，在维果茨基的著作中，中介这一概念中蕴含着社会和文化的内涵，这一内容是非常重要的。他提出所有的学习都是社会性的，他的意思是说，儿童都是通过与他人的交往来学习的（包括与成人和同伴的交往），而这样的交往就必然涉及文化工具，如由文化所创造、传递和改造的一些符号和符号学系统。一岁大的安娜贝尔在独自游戏，她手里拿着一些长棒和可以让长棒穿过去的有洞的球。她的祖母看到她在用长棒穿球之前，用自己的手指去穿球上的洞。她到底在做什么呢？她是不是在问自己问题："如果我的手指穿过去了，长棒也穿过去了，那它们是不是用同一种方式穿过去的呢？"当然，她现在还没有发展出语言这一文化工具来问问题，但是在这个小小的脑袋里一定有复杂的事情在发生。我们又该如何来说这是一个社会性的学习案例呢？我们可以看到这样的一些事实，对她而言，她所玩的那些玩具是文化工具。她所生活的家庭中有她的兄弟姐妹、父母和祖父母。她常常可以听到口语、歌曲、韵律和故事等。这些都是社会性的，每一项都能够帮助她学习。

我们可以从中学习到什么呢？

请看一下你的教室或机构，辨识出有哪些文化工具，接下来想一想这些文化工具对于儿童来说是怎样的一种感受，设想机构中任何一个儿童都可以。为了给你提供帮助，下面将有一些小案例。

乌缪特从伦敦搬到一个叫苏塞克斯的小镇。他在原来的机构中仅仅只待了两个月，他家就搬到了苏塞克斯小镇。他说的是土耳其语，又是刚刚到这个班级。在这个新班级里，他是唯一一个说土耳其语的孩子，也是唯一以英语为第二语言的孩子。在他以前的托儿所里，他能够在爸爸送他去托儿所的早晨听到土耳其语，因为那里有个老师说的是土耳其语。在原来的托儿所里，有一些英语和土耳其语的书籍和故事光盘，他喜欢到家园区去听土耳其语的音乐。可是现在他却是游离着的。老师说他"不知道任何事情""不能听"，也"不会加入活动"。

索菲亚是一名助教，她说的是土耳其语，在很小的时候她就到了伦敦。她还记得当她开始上学时将英语作为附加语言的感受，这种失去自身文化而进入到另一种文化当中的记忆使她对于个体儿童的需求有着特殊的敏感性。今年在她带的班级中没有说土耳其语的孩子,但是有三个从波兰来的小女孩。尽管她对于波兰没有任何了解,但她尽可能地去与那些家庭和社区交往。有一些事情是很容易交往的。波兰语的字母系统与英语的字母是很相似的。有一位妈妈带着她到当地的波兰商店买东西,她们买了一些波兰的食物,像面包、香肠和果酱等,在波兰女孩们小的时候,刚开始上学时,她们会有一种"烹饪"的活动,即用熟悉的材料做三明治。这在索菲亚看来是一种普遍性的活动。毕竟,在所有文化中食物都占据着重要角色。选择馅的种类、用黄油涂面包和切片,这些活动对于使用英语和土耳其语这两种文化工具的人来说都是有意义的极好的机会。

麦莲和她的家庭来自南非。还是婴儿的麦莲被妈妈用一块毯子背在背后。这是她所在村庄的习俗,这样做使得麦莲从出生开始就是村庄里生活的沉默的参与者。她可以听到妈妈说话和她的母语(祖鲁语)的声音,她可以听到谷子磨碎和妇女唱歌的声音,她也可以听到儿童唱歌和牛叫的声音。来到格拉斯哥生活对她的家庭来说是困难的,然而他们欣喜地发现在儿童中心里孩子有很多唱歌的活动,也有玩各种颜色的玩偶的机会,孩子可以将玩偶背在背上,或装在背婴儿的袋里,或放在婴儿车里。麦莲的主要照料者想要尽可能多地了解她在南非时的生活。麦莲的父母很高兴地发现麦莲在这个新世界里发现了一些熟悉的事情,这样她每天与父母分离时更容易一些。

乔舒亚和他的家庭移居到法国,乔舒亚开始上学,他的家庭对于不允许七八岁的孩子在教室里说话感到不安。乔舒亚的父母写信给亲属时提到,在一间有许多年幼孩子的沉默教室里,孩子的头都是低着的,这让人感觉很拘束。他们认为对于学习,尤其是年幼孩子的学习,也包括各个阶段甚至是大学阶段的学习而言,它意味着观点的交流、思想的对比、评论、质疑与欣赏。

任何教学的其中一个目标在于使学生成为文化信号系统的熟练使用者。想一想你花了多少时间让儿童在早期教育环境中学习念字母、写名字、阅读简单的声明、数物品、给物品命名、给物品分类、比较物品等。所有这些活动,即对于符号学的工具的掌握,在社会层面上都是借由交往开始的。所以说,一个儿童第一次接触某种新的文化工具通常是开始于他与有经验的使用者的交往与参与。儿童参与到这种社会交往当中,他进而开始尝试着去解释所发生的事情。这种解释可以在不同层面上发生,你可以从自身的经验中发现,其实我们在现实世界中生存只需要很少的理解。有多少人知道,当我们发送邮件的时候在物质层面上究竟发生了些什么呢?但是,对于语言这一文化工具的使用也许意味着我们所说的事情比我们实际所理解或意愿的事情要多,当然也有可能要少。沃茨奇(1981)提出(也许你不会同意他的观点),对于我们并不能够完全理解的事情的言说是合理的,因为它将促使我们更进一步地去理解。的确,对我而言,当我写这本书的时候,处理类似于中介这样的概念让我不得不采用内在言语,以让我能够澄清和内在化自己所发现的东西。

记忆与思维

学习是一个旅程,它开始于人们对于世界以及生活中的人与物的理解。在这个旅程中会遇到他人,这些他人一般会更有经验,他们能够为学习者提供模板、语言和其他文化工具。一段时间过后，学习者能够记住这些东西，并能够使用这些内在化的东西。用维果茨基的话来说，这是一个由自然的、个人的行为形式发展到高级心理机能的旅程。这是对于维果茨基定律的非常简单的理解，他通常将其称为*发生定律*。总结一下，维果茨基的定律主要是这样陈述的：

1. *转换律或中介律*，它所追溯的是从行为的自然形式转换到行为的文化形式的过程，通常以工具和符号为中介。

> 尤里看着他妈妈，发现妈妈在看窗外。他看到窗外的车，并指着车。"是的"，妈妈说，她通过尤里的注视解释出尤里现在还不能问的问题，"你爸爸回来了"。

在这个案例中，儿童注意到妈妈和妈妈正在做的事情。他看到妈妈正在看窗外，猜想妈妈一定是在看什么东西，所以他用指的方式来获得信息。这显示出一个更有经验的他人的行为决定了儿童的行为。这是*主体间性*的一个案例，即理解他人情感和意图的能力。相信不久后，尤里听到车的声音时不用提示就能转换角色，告诉妈妈说爸爸回家了。中介来自于对于信号和语言的使用。

2. *社会发生律*，它所描述的是由社会的（有时被称为心际的）行为形式到个人的（有时被称为内心的）行为形式的转变过程。

> 南迪跟妹妹在玩游戏，她给妹妹唱着一首《骑着木马去班伯里》的儿歌。在这个游戏中还有一个把妹妹卡丽放在膝盖上跳跃的动作。两天过后，当妈妈走进房间时，她发现卡丽把布娃娃放在她的腿上跳跃，她还唱着"自己版本"的儿歌。

通过与姐姐南迪相处的社会经验，卡丽将游戏规则内在化，并且能够用指定的动作来唱歌。这清楚地显示出社会性的行为转变成为个人的行为。

3. *向内生长律*，它可以描述心理机能由外部转入到内部的过程。下面的例子就展示了言语内在化的过程。

> 阿布杜拉看到桌上的塑料鸭子，鸭子放得太高了，他很难拿到。他走到他的蓝色椅子那里，并把椅子拖到房间里，说道："我需要这个。我可以站在这个上面，这样我就可以拿到我的鸭子了。"几天过后，他没有说任何话，爬到蓝色椅子上，然后再爬到桌子上看着窗外。

他想好了一个计划，并执行了计划，还将他所做的事情用言语表达出来。几天后，他做出了另外一个计划，但是与第一个计划是相关的，所以这次他并不需要说出来。这说明思维已经内在化了。

你也许会碰到许多种关于发生律的解释，而且解释各异，这是因为维果茨基的思想和翻译者们所提供的解释都在不断地发生变化。但是，从本质上来看，这些定律所描述的是从依赖他人转向独立，从需要具体、直接经验来帮助记忆发展到有意义的唤起记忆的转变。如果你们熟悉玛格丽特·唐纳森（Margaret Donaldson）的研究（如1978年《儿童的心理》），你们就会由此想到她的论断，对于幼儿来说，*具体*（即由于问题对儿童来说是有意义的，所以她能够在理解问题是什么这样一种*有意义的情境*中处理真实的事情）是发生在*抽象*之前的。在能够处理抽象的问题和概念之前，儿童需要直接的经验。

我们可以从中学习到什么呢？

我们期待你能够发现，你以前所做的一些事情都是建立在理论的基础之上的。维果茨基的著作提到，那些从事幼儿教育工作的人需要为儿童提供从事物、问题、情景和任务中学习的机会。这些机会有：

- 儿童能够接触到目标清晰的活动。
- 儿童能够有机会运用自己的动作和感官，或其他方式来理解他正在探索的事物。
- 儿童能参与到与他人（同伴或成人）的社会交往当中，这些他人能为儿童提供示范、帮助或参与。
- 儿童能够接触到文化工具，包括语言。

教室和机构应当为儿童提供一系列有意义的活动，让儿童能够在自己原有的经验基础上理解活动的目的。如，种植植物；烹饪和烘烤；玩娃娃家；给玩偶或布娃娃洗澡；建立诊所、车库或超市；出于不同的目的尝试着在纸上画标记；为午餐摆餐具。这些活动给儿童提供了让他们乐于学习的情境。避免让儿童总是保持沉默，或单独工作，或做练习题这样一些无意义的事情，从而帮助儿童更进一步地学习。此外，保证有人与儿童聊天，有人倾听他说话，并鼓励儿童提问，认真对待他们的想法，使他们能获得根植于有意义的情境的文化工具的经验。当然，我们必须在个人层面上与儿童交往，使他们能够朝着获取科学概念的方向发展。下面有一些个案可供参考。每看一个案例时你可以问一下自己，这个案例中的教育实践能否帮助儿童从使用日常概念发展到使用日常和抽象概念呢？

第一个案例来自于格里高利（Gregory，2004）书中的一章"印第安儿童的文化素养"，由玛丽·尤妮斯·罗梅罗（Mary Eunice Romero）撰写。通过观察在新墨西哥州的印第安社区居住的儿童，罗梅罗研究了儿童与文化素养相关概念的发展。人们居住在一个土地共有的村庄，有着现代的住宅。那里有十九种语言，分属于三种完全不同的语言体系，在大部分的区域中，英语逐渐成为主要的语言。罗梅罗对于儿童的社会化很感兴趣，她发现儿童通过他们的交往卷入到文化的各个方面，从而有能力成为群体中的成员。她观察到儿童通过和其他社区成员一起参与日常活动，默默地吸收着社会知识，并加以内化，再加上他们的交往，发现了他们自身在这个社会当中的角色。她发现，印第安儿童自出生起就被与他们交往的重要和有影响的他人所包围，进而形成了复杂的社会网络，包括父母、兄弟姐妹、阿姨们、堂兄弟姐妹、祖父母、教父母和其他家庭成员。祖父母由于他们的年龄而备受尊崇，这象征着群体所拥有并传递的一种文化知识，祖父母也常被视为是儿童的主要社交者。年长的兄弟姐妹也扮演着重要的社会化的角色，因为他们通常是有照料年幼弟妹的责任的。传统的领导者不仅承担着管理整个群体的责任，也参与到儿童的社会化活动中。这些都发生在小的群体或宗族之中，通常被称为宗族分支。每一个群体有一间属于宗族分支的房屋，儿童通常会被带到那里去参与和观察文化仪式与知识。

面包都是在户外的土炉上用木柴的火烤制出来的。儿童可以亲身参与到制作面包的过程当中。最初他们还是婴儿的时候，他们只是观看，这是为了确保他们的安全，但他们可以看到面包制作的过程。当儿童长大一点，可以把玩一些物品的时候，大人就会给他一团面团玩。但是，当儿童玩的时候，成人都会对他们的活动做出评价。当儿童偶然把面团揉起来的时候，成人就会对其进行鼓励，并让他再次尝试这样做。所以，通过行动，儿童做出一些他曾经见过或做过的事情，并且会得到相应的鼓励。当儿童两三岁的时候，会得到一大块面团，并且面团放在那些能够将面团熟练地做成面包的人的旁边。儿童的工作会得到很多的赞扬，当儿童四五岁的时候，他们不需要劝哄就参与到活动中，他们的工作将得到公开的评价。由此，儿童学会了制作在他们社区中常见的面包，但是他们也同样学会了一些不那么明显的事情。罗梅罗认为他们学到的是合作和贡献。在这样的活动中，儿童是沉默的学习者，雷乌和威戈（Lave and Wenger, 1991）将这样的情景称之为"合理的外围参与"。

在这里，你可以发现儿童被卷入到日常概念当中，如制作面包、使用文化工具；沉浸在语言这种文化工具中，观察、社会交往和直接的身体参与。当他们这样做的时候，通过将成为群体成员的意义和集体性的工作加以内化，他们学会了处理抽象的和高级的秩序机能。也许你愿意花一个上午的时间去观察你所在的班级，检查一下你是否为儿童提供了如下机会：

- 观察他人制作某物，并倾听他人在做某物时所伴随的言语的交流。
- 参与集体活动，也许刚开始只是沉默地参与。
- 他们的尝试得到了表扬和支持。

第二个例子来自于格里高利书中的另外一章"友谊的常识"，由曼朱拉·达塔（Manjula Datta）所撰写。这个案例发生在伦敦市中心的一所多元文化的学校。三个七岁的男孩在分享他们各自所喜爱的书籍，他们分别叫穆罕默德、山姆和丹尼尔。穆罕默德有土耳其血统，山姆有阿尔及利亚和法国血统，而丹尼尔则是一个土生土长的英语使用者。他们在分享一本书叫作《庆典》（1997），下面我们将截取他们关于死亡仪式的讨论中的一段，许多儿童都有相关的经验。

穆罕默德：哦，当我爷爷去世的时候……你知道清真寺吗……当有人去世或当人祷告的时候，通常会有两个地方，一个是楼上的给女士祷告的地方，另一个是楼下的给男士祷告的地方。但是孩子们可以到两个地方！当我去清真寺的时候，我会上上下下地跑……当我爷爷去世的时候，在清真寺里……

　　山姆：打断一下。他去世了？怎么去世的？他们埋葬他了吗？

　　穆罕默德：我没有看到他的葬礼，但是我看到他的棺材，被放在阶梯上举得很高。也许那是去天堂的阶梯。

　　丹尼尔：是吗？

　　穆罕默德：也许，我不知道。

　　丹尼尔：也许他已经上升到天堂去了。

　　这里，我们看到三个孩子在讨论一本书（文化工具），并将其作为一场讨论的开始。在这场讨论中，穆罕默德可以说是一名"专家"，因为他们看到的庆典是土耳其式的，所以他对这些文化工具和组织都很熟悉。但是，你可以看到丹尼尔尝试着运用自身的宗教和文化体验来理解放置棺材的阶梯的含义，从而提出也许穆罕默德的爷爷已经"上升到天堂了"。大概他所想到的是基督教和复活。

　　想一想你所在的班级，检查一下你是否提供了下面的一些内容：
- 能够体现你所在集体中的儿童的自身文化、语言和体验的资源。
- 分享、合作和参与的机会。
- 儿童有被倾听和认真对待的机会。
- 同伴交往的机会，即一个儿童能够作为专家，向他人分享知识、理解与体验。

语言和概念：最近发展区

　　迄今为止，你应该发现了一个很明显的特点，那就是当提及维果茨基的某个思想时我们会不可避免地涉及其他思想。我们在前一章中提到了概念，并将概念与记忆、内在化和中介联系起来。你会发现在维果茨基的所有著作中都提到语言这一种文化工具。现在，我们要将这所有线索串联起来，以考察维果茨基对于教育学贡献最大的概念之一。这个概念你一定听说过，那就是最近发展区（ZPD）（有时被写成ZoPeD）。

从本质上说，维果茨基感兴趣的是观察和分析儿童是怎样获得发展的。我们之前已经讨论过儿童从日常概念发展到科学概念，从使用文化工具来促进记忆发展到使用内在记忆来解决问题。维果茨基在他最后一次提及最近发展区（他的最后一本书《思维与言语》，1987［1934］）时提到，发展与教学并不是同步的。*只有在发展之前的教学，才是有益于学习者的教学。*

让我们仔细想一想这句话，因为这个发现是非常显著和重要的，然而也常被现今的教育项目和机构所忽视。唯有当教学使学习者从他的现有水平发展到有他人帮助可达到的水平时，这种教学才是有效的。所以维果茨基提出：

> 只有在发展之前的教学，才是有效的教学。只有当这样做时，教学才能够驱动或唤起潜藏在发展的成熟阶段中的一系列机能。
>
> （维果茨基，1987：212）

他的意思是说，只有当教学挖掘到儿童已经经历过的、思考过的或内在化的事物时，儿童才有可能在思维和问题解决上进一步地发展。教学的主要角色就是做这些事情，这也是教育儿童与训练动物之间截然不同的主要原因。它与促使儿童发展新技能并不相同，因为发展新技能的方式在于重复和练习。

一些研究维果茨基著作的研究者发现,最近发展区提供了这样一个连接,一端是起源于经验或实践学习的自发或日常经验,一端是起源于理论或抽象教学和学习的科学概念。许多文献在最近发展区是否与知识的传递有关联的问题上存在争议。事实上,许多权威的研究者认为,维果茨基所关注的是更大范围的学习概念,譬如说学习通过何种工具解决问题、采用何种工艺和智能操作。下面我们将从斯密特(Smidt,1998)的研究中举一些例子。

六岁的路易斯在学习乘法表,老师教了他计算九九乘法表的小窍门。在接下来的一周里,路易斯花了很多时间在纸笔和计算器上,接着他对保育员玛利亚·菲格雷多说出自己的发现。

> 路易斯:试想一下你在做5×4。4是一个偶数,所以当数字是偶数时,你把它们除以2,再在它后面加一个0。看到了吗?
>
> 他拿着一张纸给我看,因此我看到了他的运算:
>
> 5×4　=?
> 4/2　=2
> 　　　=20
>
> 路易斯:现在你要听清楚了,因为奇数更难一些。试想一下你在做5×3。3是你将要运算的数字,所以这次呢,你要先算3前面的2,将2除以2,得出1,再在1后面加上5,这样就得到了15!

(菲格雷多,1998:39)

这个案例展示出儿童能够详细地解释出他通过在学校的正式教学中

所学到的内容而为自己所设立的问题。他识别出问题，并运用了工具，如数学符号（=，×，/）、语言（作为解释问题和答案的工具）、纸笔和计算器（辅助思维的工具）。也许在课堂中，他并没有什么机会去展现他所知道的事情。当一个教师面对着诸多儿童的压力和要求时，很难有时间去邀请儿童做这样的交流。

> 一个四岁大的女孩看着一堆贝壳、石头和卵石，它们无序地放置在桌子上，旁边还有一堆各种颜色和形状的放大镜。她选择了一个螺旋状的贝壳仔细地观察，刚开始直接用眼睛看，后来她用了一些放大镜。她用了一些大大小小的放大镜来回地看，以找到最好的放大效果。她弯下腰来，将她的脸对着放大镜，像是要寻找出她的眼睛、放大镜和贝壳之间的最佳距离。接下来，她将贝壳放在桌子上，把它放在一个安装在三脚架上的放大镜下面，她弯腰靠近三脚架，很满意她从那个角度所看到的东西。接下来，她将贝壳放回桌子，放在三脚架下，再次弯腰，将她的耳朵靠在三脚架上，好像是借着放大镜听贝壳一样。
>
> （德拉蒙德，1998：103）

这段观察很精彩，因为它清楚地展现出一个小女孩在学校环境里探索事物的全过程。教育者提供了有趣的自然事物以及允许进一步探索的工具。在这段摘录中，并没有什么口语出现，所以读者可以想象儿童从做一件事情过渡到做另一件事情时头脑中所出现的想法。最为精彩的地方在于，她猜想一个工具（放大镜）可以让事物看上去更大，那么，它也可以让这个事物听上去更响。

这两个案例都没有提到成人与儿童的交往。但是，维果茨基认为，

所有的学习都是社会的，当读到这些案例或者当看到你所在机构的儿童的行为时，*你需要从所发生的事情中推论出社会的因素*。最近发展区中的重要因素在于*潜能*的概念。当儿童参与到某任务时，她所做的事情可以显示出她现在所知道的和所能做的：潜能指的是儿童在帮助下所能做的事情。这两者之间的差距即是最近发展区。所以，成人或其他有经验的学习者的角色是很清晰的。它能够使儿童从*现实*的水平向*潜在*的水平发展。

也许你已经接触过"支架"的概念。它常常用来形容有经验的他人在帮助儿童从现实的水平向潜在的水平发展时的角色。有研究者提到，有经验的他人所提供的帮助就像是在施工中支撑建筑的支架，唯有当建筑建成之后，支架才会撤离。所以，所提供的支持被视为小的、支持性的步骤。

下面有一个能够展示出成人对于儿童学习的支架作用的小案例，来自于苏珊·布拉格（1998）所做的观察。路易莎在"做桌子"，她开始实施她所画的这一计划，并寻找她需要的一些材料。

> 走到木头那里的时候，她说道："现在我需要什么呢？"用一只手拿起木头后，她返回到自己的座位上。她将木头放在桌子上，说道："这已经足够大了。"然后，她将自己手里的珠子放在桌子上。接下来，她拿起胶水，沿着木头挤出胶水涂在上面。
>
> （布拉格，1998：143—145）

她接下来还是按照这种方式在做，大声地说出她所做的事情，并将她工作中的进展展示给其他孩子看。她需要一些材料将两块木头粘合起来。

一开始她想到了喷胶枪,并让成人帮助她做这件事情。但是它不起作用。接下来,她在木头上再加了一块泡沫,但是喷胶枪还是没办法把木头粘合起来。当发现路易莎已经有些沮丧了,成人建议她可以试试橡皮筋。

"太好了,它起作用了!"她说道。看着其他的孩子们,"这是很好的,不是吗,用橡皮筋?"

在这个很小但是很有针对性的干预过后,路易莎用了45分钟的时间去做她的"船"来实现自己的计划。她非常高兴!

在这个案例中所需要的支架是非常小的,但是它要求成人非常关注儿童,理解儿童正在做的事情,并辨明他能够提供的帮助。这是一件非常高技巧的事情,需要成人进行近距离的、敏感的观察,而不是仓促地干预,使儿童的工作受到干扰。

使用"支架"的概念是存在一些困难的。其中一个困难在于将支架视为单方面的过程,即支架者负责并"呈现"学习给初学者。这是一种对于学习的直白的或空洞的理解,这显然不是维果茨基的观点。有些研究者如纽曼等(Newman *et al.*,1989)认为最近发展区产生于有经验的学习者和初学者之间的协商。而这里所产生的问题在于有经验的学习者他们的支持从何而来。维果茨基并非强调这个问题。莫尔(Moll,1990)认为,在最近发展区里所发生的应该是合作、提升和意义的交流,而不是对于技能和知识的传递。

我们可以从中学习到什么呢?

维果茨基对于学习的社会属性的强调以及对于中介和文化工具的重视将不可避免地引出最近发展区的概念。对我们来说,它意味着我们要做以下这些事情：

- 确保我们所教的科学概念建立在自发或日常活动的基础上。数学、科学、技术和其他领域的知识应得到社会性的建构，在儿童拥有日常层面上的广泛经验之前他们不能理解这些内容。换句话说，在处理理论或抽象概念之前，儿童需要直接的、具体的经验。
- 尽可能地了解每个儿童的已有经验，包括他所说的和所理解的语言、文化工具、价值和期待。
- 花时间观察儿童、倾听儿童，并与他们交流。
- 花时间思考你所做的每一个观察所告知你的信息，并非为了勾检查表里的方框，而是为了对儿童想做、想说、想理解的能有更多的了解。
- 认真地对待儿童的观点和理论，请儿童告诉你关于他们自身的事情和他们头脑里出现的问题。
- 敏感、恰当地干预，从儿童那获得你的引导权，而非支配儿童的计划。
- 针对儿童的所言所行做文档和记录，这样你可以对每个儿童所学的做出动态的、有意义的描述。

支架和同伴教学

维果茨基关于促使学习者从现实水平发展到可能水平的思想对于世界上许多国家的学习机构都有着很大的影响。在不同时期这种思想有着不同的名称，但总结看来，它想表达的是，一个有经验的学习者在初学者的旁边，关注儿童的所言所行，从而为儿童完成他能力之外的工作提供帮助。不管它被称之为支架、认知学徒制、交互式教学、同伴教学或情境学习，这些概念都是与这个思想同源的。当你阅读下面这样一些定义时，你可以思考一下这些定义是否为你组织教学提供了建议。

- *认知学徒制*自然地处于社会建构主义者的范式之中。建构主义者将学习者视为意义的积极建构者，而非知识的被动接受者。在这个范式中，学习者通过指导者的支架合作式地参与到某项目或问题中。任务应当比学习者能够单独处理的问题要稍微复杂一些，这样就需要同伴或成人或两者的帮助才能够完成。那些支持这种思想的人的核心特征在于，他们主张学习者不应该单独开展工作。

- *情境学习*之所以被这样命名，是因为它根植于这样一个概念，即学习在发生时包括活动自身的机能以及其产生的语境和文化（即意味着学习是情境性的）。之前，在许多课堂中的学习活动通常是抽象的、脱离情境的。我们了解到社会交往是情境学习的一个决定性的成分：学习者参与到一种被许多研究者称之为"*实践社群*"的组织当中，即一群有着共同的信仰和价值的学习者当中。当初学者由社群的边缘转移到中心时，他或她变得更为积极、更多地卷入到文化中，接受了文化的信仰和价值。一段时间过后，她就可以承担起专家的角色。

- *交互式教学*通常指的是在教师和学生针对某部分的文本进行对话时而产生的教学活动。它通常运用于语言课当中，对话由四种策略所构成，包括概括、问题产生、澄清和预测。你也将发现，这可以运用到任何一门学科或知识体系当中。促使教学的交互性的主要因素在于，教师和学生轮流承担主导对话的教师角色。

- *同伴教学*由达蒙（Damon）和菲尔普斯（Phelps）提出，它是指"一名儿童指导另一名儿童的这样一种方法，其中一名儿童是专家，而另一名儿童是初学者"（1989：11）。并不是所有研究同伴教学的著者都接受这样一个定义，有些人认为同伴应该处在相似的年龄。然而，当你阅读肯纳（Kenner）的著作（2004a）时，你会发现当相似年龄的儿童参与到同伴教学中时，通常一位是某事情的专家，而另一位是初学者。所以说，这个定义更好地反映了这个层面的想法，而非单指年龄上的相似。

回顾与展望

在这章中，我们回顾了前面四章的内容，并为实践工作者演绎出可应用的内容。很显然，维果茨基对于社会和文化的强调让我们意识到，我们需要创造一种能够反映儿童的文化、语言和其他文化工具的学习环境，以及为儿童提供一些能够让他们基于自身的原有经验、并扩大其日常概念的范围的活动。我们接下来还强调了在学习中儿童与儿童之间、儿童与成人之间互动的重要性。我们认为，在能够获取科学概念之前，儿童必须有日常概念作为坚实的基础。我们还考察了最近发展区，并发现教育者的角色在于帮助儿童缩小他们单独能做的事情与在他人帮助下能做的事情之间的差距。这让我们进一步地考察了支架以及其他一些解释这种思想的方式。

在下一章中，我们将开始考察被一些研究者称为"活动理论"的思想。我们也将浏览一些受到维果茨基著作影响的人的研究，他们是怎样使用、改变或批判维果茨基的想法的。

术语表

词语或短语	含义	意义
认知学徒制	另一种表达支架的方式，指的是学习者在他人旁边工作，进而可以观看、并向他人学习	另一种表达支架的方式
实践社群	指的是一群共享价值和信念的人	这些人为学习者提供模范，而且他们最终也归属于这个群体。对于那些组织儿童的教师来说，有其应用的价值
发生律	维果茨基针对经验是如何通过交往来进行中介这一想法设计出的一系列定律	维果茨基的发生律即他关于学习的理解，因而对我们来说是很有意义的
向内生长律	指的是由向外思维发展至内在的思维。其中一个案例就是当一件事情成为内在化的时候	维果茨基发生律中的一部分
同伴教学	指的是一个学习者承担了教另一个学习者的专家的角色	能够使同伴、初学者和专家都学习到更多的一种教学活动
交互式教学	这个术语通常指的是以教师和学生之间的对话为形式发生的教学活动	更适合于大龄儿童
支架	由布鲁纳所使用的一个术语，它指有经验的他人应当为儿童提供支架式的支持，以架接最近发展区	对于那些想要探索帮助学习者成为独立思考者的方式的人来说是很关键的
情境学习	它指的是，学习是活动自身的机能，并且其所处的语境和文化是非常关键的	它的重要之处在于它提醒着我们，活动自身在决定什么该学、该怎样学的问题上是非常重要的
社会发生	它指的是由行为的社会形式向个体形式的转变，由向他人学习到能够单独做事情的转变	维果茨基发生律中的一部分
转变	与中介同义，指的是由行为的自然形式向行为的文化形式的转变	维果茨基发生律中的一部分

CHAPTER SIX
Activity theory

第六章
活动理论

在这一章中我们将关注的是活动理论。其中，我们会回顾一些前面已经讲过的内容，同时，我们也将介绍一些新的思想与观点。首先，我们看看此理论是怎样的、为什么会兴起。接下来，我们将介绍一些其他人的观点。自维果茨基的思想被译成英文出版后，受到其著作影响的人们，在学习的基础上对其思想又进行了进一步的发展或批判。目前，活动理论受到了推广与争论。就本质而言，活动理论与社会文化理论可以被视为是同义的，但是活动理论侧重于活动本身，而社会文化理论则侧重于中介。

活动理论的发展

活动的文化-历史理论（这是活动理论的全称）是由维果茨基、鲁里亚和列昂节夫在20世纪二三十年代所创

立的。它源自于维果茨基不满意当时心理学所使用的方法，即当时占据优势地位的两种研究取向：精神分析和行为主义。为了超越这两种研究取向，维果茨基及其同事提出了一种新的理论建构，即*工具中介*和*面向对象*的活动的双重思想。"工具中介"指的是通过使用文化工具而发生的事情，而"面向对象"指的是直接探索或获得具体经验的机会。对维果茨基而言，人类个体从未对环境做出直接反应。更确切地说，人与环境中的对象或事物的关系都是以文化工具、手段和信号为中介的。譬如，语言在儿童与成人的交往中是作为交流和分享关注的手段而使用的。然后，语言通过儿童的思维以及对于活动的控制而被内化。

下面有一个简单的图表可以用来展示这个思想，它被人们称为*第一代活动理论*；它是一个三角形，显示出主体、客体和工具中介的关系（图6.1）。一项活动是由一个主体、一个客体构成，以工具为中介。主体是参与到活动中的一个人或一个群体，客体是主体所感兴趣的或所探索的、给予活动以动机或方向的，中介可以是符号的、文化的或物质的工具。

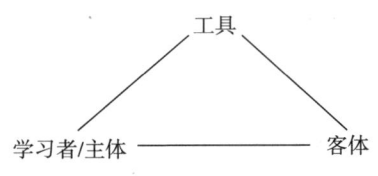

图6.1　第一代活动理论

*第二代理论*是列昂节夫进一步研究后产生的，他着眼于探究工作时产生的活动，以及在*联合的集体活动*中工具是如何发挥社会性的中介作用的。图6.2中所展示的图表更为复杂，它包含学习者与客体的关系、学习者与共同体的关系、学习者与工具的关系、学习者与规则的关系、他人之间的关系，还包含劳动分工。你会发现它很难被加以阐释，但是，有一件事情你可以从中学习到的是，客体（即图中用椭圆形标注的部分）意味着面向对象的活动总是对各种解释开放，并且有被改变的潜能。

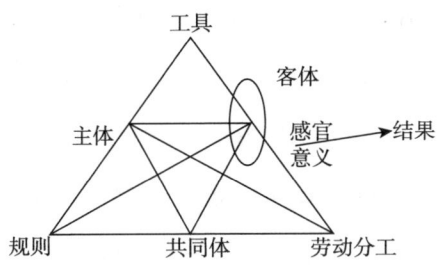

图6.2　第二代活动理论模型。改编自恩格斯托姆（Engeström，1987）

列昂节夫认为他必须对个人活动（即个人独自所做的活动）和集体活动（当人们一起工作时所做的活动）进行区分。因此，他将行动、活动和操作之间的区别加入到此定义当中。下面这个例子将帮助你明白其中的含义。

> 当一个部落在狩猎时，其中的每一个人都有着不同的目标，他们都负责承担不同的活动。一部分人去惊吓动物，并使动物奔向狩猎的人，而狩猎的人负责将动物杀死，其他人则有其他的任务。这些活动都有即时的目标，但是其真正动机是高于狩猎本身的。这些人的目的在于获取食物和衣服以维持生存。为理解每个单独活动的含义，我们必须理解整个活动背后的动机所在。活动都是由动机所引领的。
>
> （列昂节夫，1978：62—63）

当儿童或其他学习者在群体中工作时，我们应当记住这一点。个体也许会参与到不同的活动当中，但是一个群体必须共享一件事情的共同目标被称之为活动。恩格斯托姆（1999）发展出一种独创的三角形的表征活动系统的方式，从宏观的维度对活动系统进行探索，你应该还记得，它指的是布朗芬布伦纳所描述的超越于微观系统之上的集体和共同体维度。他将图6.1中的最初的三角形扩展为图6.2中的三角形,其目的在于展示活动系统中的社会或共同体因素,与此同时,增加劳动分工(在社会中人们所做的工作)、共同体与规则这样一些内容。

迈克尔·科尔(Michael Cole)意识到这两代的活动理论并不关注文化的多样性,因此他设计出有着更为复杂的图表的*第三代理论*。由于它过于复杂,所以在这里就不再展现。它包含有理解对话的概念工具的发展、多重维度与声音以及交互活动体系的网络。恩格斯托姆同样也学习了第三代活动理论,但是他的兴趣点源自于他与学生的工作,他将这些学生视为学习集体。在其中所出现的一个问题是,主体(或学习者)并不常常是同一个人。在一项集体性的活动中,某一时刻的学习者与另一个时刻的学习者并不总是相同的。他认为,目标与活动、个体都是相关的,但是并不与整体的活动相连。用他的话来表达就是:

> 活动是通过在不同的目标和参与者的不同角度之间的持续协商、编排和竞争而得以实现的。一项集体活动的目标和动机就如同一块不停拼凑的嵌图和一个无法完成的图案。
>
> (恩格斯托姆,1999,引自丹尼尔,2001:90)

科尔尼(Kearney,2003)提供了一个由不同种族和文化群体构成的年轻人群体在社区剧场艺术大学修一门学位课程时的生动经历。在第二年时,学生被要求形成他们自己的群体,来自希腊的阿丽奇描述她看到白人学生在未与他人商量的情况下组成自己的群体时的震惊。你可以来读一下她的文字,来感受她所受到的影响:

> 剩下的人是我、我的一个亚洲朋友露娜、我的非洲朋友桑

德、我的亚洲朋友卡恩、我的西印度朋友彻丽。他们都是与我们同年龄的黑人、希腊人和亚洲人……我们还未曾与对方说过……（关于这个项目）。每个人都高声说道："噢，这是很好的……你们可以形成自己的群体，做一些（大笑）关于少数群体的……"

［……］我们都在这间房间里，我说道："我觉得这太让人厌恶了。作为一个希腊人，我从来没有挑衅过你们，如果我有过的话，好吧，你看看那边的白人和我们这边的血腥的民族。如果我们是社区剧场艺术大学的学位课程的话，我们在尽力表达在剧场里没有表达的社区划分，为什么我们都在一起，而你们都在那个群体呢？"

（科尔尼，2003：120）

阿丽奇还诉说了指导老师的无能，她认为缺少一个榜样是非常严重的事情。她的解决方法是写出自己的戏剧，用她自己的经历去构建她自身的身份。在这里，我们看到了在一个大的集体中的一群年轻人，他们遇到了挫折、矛盾，缺乏一种对被称之为集体、合作的经历的共同理解。这个案例与活动理论并没有直接的联系：它的目的在于展示出在任何的问题分析中需考虑多样性的重要性。

恩格斯托姆（1987）发展出与现今的活动理论相关的五个原则。

1. 第一个原则指的是，集体的、面向对象的、工具中介的活动系统是分析的最主要元素，尽管它将与其他系统连接成一个网络。

2. 第二个原则讲述的是*多重声音的活动系统*是怎样的。你从科尔尼书中所描述的社区艺术项目中学生的案例可以看出，那里都是来自不同人的声音。所以，任何活动都是由不同的观点、传统和喜好所构成的。

3. 第三个原则指的是，所有活动都是*置于历史当中*的，都需要借助于它们的历史来进行理解。

4. 第四个原则强调的是，*矛盾是变化和发展的来源*，因而在活动中起中心作用。

5. 最后一个原则指*转化和改变都是通过活动系统而成为可能的*。

第五空间课外项目

邓肯和特鲁利（Duncan and Tarulli，2003）认为，活动理论应被视为维果茨基解释发展阶段的方式。与皮亚杰（他认为人类根据年龄有着清晰的发展阶段）不同，维果茨基认为阶段并不是根据年龄而固定的，在它的起源上是更为*生态的*。你应该还记得，"生态的"指的是社会中的群体与他们所处环境之间的关系。他们还提到*主导活动*，即*儿童所处的社会地位发生改变或转变时产生的活动*。由家庭到学校的转变会造成地位的转变，由学校到工作或其他转变也会同样如此。伴随着这每一次地位的转变，心理过程也会有相应的变化。你会发现每一次的转变（入学、转班或转校、新生儿的到来）都会改变儿童的所处地位，也将伴随着儿童情绪上的一系列转变，如焦虑、高兴、疏远等。这些转变可能影响到其动机，并有可能创造出新的最近发展区。

迈克尔·科尔对于研究文化历史的活动理论在课后教育活动系统设计中的运用很有兴趣。他做这件事情有一些原因，如提高教育标准、给儿童提供一个安全的课外环境、对于美国的高等教育计划改革做出回应。他的解决方法是提倡第五空间，这是一项教育活动系统，能够为儿童在课外提供一个特别设计过的环境，可供儿童在课后探究现成的电脑游戏和游戏式的教育活动。（当你阅读下一章的时候，你会清楚地看到它与维果茨基之间的联系。）这些电脑游戏是一个包含有其他游戏和工具的虚拟世界。工作人员准备了特殊的指导卡，为参与者提供游戏渠道，参与者有机会对信息进行思考与批判，或写信给某人，或查询信息，或教某人他已学会的内容，这些都是一系列的社会交流与互动，包含对于文化工具的使用。它还有一个电子实体，里面有一个男巫或女巫生活在网络中，可以通过网络给儿童写信或聊天。在第五空间的神话中，这个巫师可以作为参与者的赞助人、游戏的提供者、冲突的调停者以及电脑或其他问题的解决者。

在第五空间项目所在的中心，有人员欢迎儿童的到来，并监控活动的开展过程，他们受过训练从而为项目提供教育的基础。另外，中心还有大学和学院的学生。他们都是通过一个专注于社区环境的田野作业的课程招募而来的。科尔提到，第五空间组织起来后可为参与者创造出一种最近发展区的机构型范式。有经验的他人有可能并不是你所期待的那些人：譬如，你可能会发现某儿童比一名大学生在电脑游戏上更熟练。但是，它拥有一种合作式学习的文化。科尔提醒道，每一个第五空间都是不一样的，它受到自身的历史和社区、使用的文化工具以及可交换的资源的影响。

然而，每一个第五空间背后都有一些基础的原则，其中一个就是*联合中介活动*的重要性，它被置于一系列的内在环境中：如某个社团中的儿童、学生和电脑；周边的社团；引导儿童进入社团的学区中的近邻社区；由学区服务儿童的社区等。如果你画一系列同心圆，将社团放在中心，你将更好地理解他的含义。在某种意义上，科尔用活动的术语替代了环境；他认为最好是将第五空间的活动系统看成是由一些不同的元素所构成的，包括主体或学习者与他们的目标或目的之间的相互作用；中介工具，如语言或其他符号系统；社会规则；劳动分工。

这个系统是有规则的，在某些地方游戏以迷宫的形式呈现，学习者通过与巫师进行协商来获得其道路。巫师也会邀请他们反思自己的学习与进步。里面有不同等级的任务，儿童可以决定其顺序。儿童在迷宫中走完某道路后将有可能成为巫师的助手，这样他可以帮助他人、扩展自身的学习。因此，第五空间致力于在一个有着共同规则的系统中促进共同性的学习。在迷宫中游戏即是与规则进行游戏。

主导活动和对话指导

墨瑟（Mercer，2000）尝试着将科尔的一些发现和想法运用到学校内部的参与中，尤其是集中于学校的*主导活动*。他对于儿童是怎样思维的，以及儿童怎样发展出集体性的思维（即他们所处文化或多种文化中的他人的思维）很感兴趣。他提出*交互式思维*，这受到了雷吾和威戈（Lave and Wenger，1991）著作的影响，而他们则是受到了罗戈夫（Rogoff）关于指导性参与的观点的影响。此观点指社区中有经验的和熟练的成员可以作为"*对话指导者*"，而在教室中，这些成员常常是教师或其他实践者。墨瑟对有效的教师给出了定义的几个特征。

1. 这些教师*通过运用问答来测试学生的知识，并帮助学生加强理解*。

薇薇安·格西·佩利（Vivian Gussin Paley）写了很多关于讲故事、谈话和诚实在教育中的角色的书籍。下面将从她的《孩子的善良》（1999）一书中摘录部分内容。作为一个讲故事的人，她走访了许多群体，为他们讲述故事，并为幻想游戏说出开头、倾听孩子们接下来的创作。在下面这个简单的摘要中，我们可以看到她在加州的一个四年级教室中所展开的一段感人的对话。

"我的叔叔认为一个人有时也需要自己待着，"路易斯说道,"他告诉我的哥哥说,'让路易斯自己做,你们这些家伙让他太伤心了。'他过去也常常对我们的父亲这样做,他让他太伤心了,所以他感到抱歉,但是现在已经太迟了。"

"你听你叔叔的吗,路易斯?"

"当然了,当他在这儿的时候,我们就会友好些……"

"那么你的叔叔会怎么对待哈利呢?"我问路易斯,路易斯回答得很快,好像他与他叔叔讨论过一样。"他会想一想哈利是不是难过了,你知道的,也许他的爸爸去世了,也许在监狱里,反正是不好的事情。我们要让他能喘口气,这是我叔叔说的。喘口气。你知道的,让他现在高兴,这样,以后他也会让你高兴。"路易斯的话对于他的同学们有很大的作用,很多同学都认识他这位在学校当老师的叔叔。

(佩利,1999:14—15)

2. 这些教师不仅集中于学科内容,还提供了解决问题的方法、意义创造和分享的相关建议。

下面我将举一个例子来对此进行说明。玛丽·史密斯(Mary Smith)在一个儿童中心工作,她带着一群孩子,其中有一个孩子对于花园里的蜜蜂很感兴趣,他想要制作蜂蜜。在方括号里是我的评论与说明,以指出玛丽在与丹尼尔互动的过程中为他提供的解决问题的策略。

他提出我们可以在幼儿园里做点蜂蜜。我问他我们该怎么做。[她在告诉他如何做之前,请他先思考一下。]

他回答说我们应该先一起去摘点花。我们回到室内去拿了一个托盘装花,然后回到花园里去收集野花,有菊花、金凤花和蒲公英。当托盘都装满了，我们坐在草地上研究这些花。丹尼尔说道："我们要从每朵花的中心把花粉采出来。"我们花了一点时间去做这件事情，花粉都放在托盘的一角上。丹尼尔说我们现在有足够的花粉来做蜂蜜了，就让我去拿一个杯子和勺子。我拿了过来。丹尼尔将花粉倒在杯子里，用勺子搅拌它们，说道："我知道它一定会做成蜂蜜！"

过了一会我问道："它们怎么样了，丹尼尔？"[给他提供一个问题，以鼓励他对发生的事情做出分析，并提供一个答案。]"什么也没有，"丹尼尔回答道。"我们要往里面加点苹果汁，这样它就会变成蜂蜜了。"我从厨房拿来苹果汁。丹尼尔将它倒在杯子里搅拌，说道："现在是蜂蜜了吗？"

"不是，"我回答道。"我认为人不可以做蜂蜜……只有蜜蜂能。"丹尼尔不相信，说道："我们只要再多放一点花粉，这样它就会是蜂蜜了。"[她跟随着丹尼尔的引领，而并没有直接告诉他他是错的。]我们又加了一些，可是还是没有做成蜂蜜。这时候我说道："丹尼尔，我们已经尽力去做蜂蜜了，但是人做不了蜂蜜。我们找一本关于蜜蜂的书，来看看蜜蜂是怎样做蜂蜜的。"[当直接的经验不能够解决问题时，她为丹尼尔提供了一本书和其他可用的工具。]

我们找到一本书，花了很长的时间逐页地阅读、查找和解释。接下来，我们去了一家商店买蜂蜜，甚至还找到了一个罐子来装蜂巢。[她保证儿童可以获得一个积极的结果，这样儿童就不会经历失败的感受。]孩子们很享受那种将蜂蜜涂在面包卷上、在茶点时间吃面包卷的经历。

(史密斯，1998：148—149)

3. 这些教师将学习视为社会性的、交流的过程。

在前面的两个案例中所展示的教师都做到了这一点,现在我将从乔希·莱文（Josie Levine）的著作中举另一个例子。这是一个在她的班级中所发生的一件有力的、感人的故事,她所在的班级是一所中学里的"预备班",班级是全日制的,孩子们年龄各异,是专门为新的移民的孩子学习英语而创办的。她意识到他们在建立自己的班级文化方面有其独有的优势。下面是她在一次班级互动时所记录下来的对话。

当比罗和卡贝尔在诉说他们所遇到的麻烦时,格纳克是那些让他们保持安静的人之一。他非常清楚在教室里和教室外所发生的事情。当他们家房屋的玻璃第二次被打破时,他问了一个很痛苦的问题。"为什么他们这么做呢,老师?我的爸爸是好人,我的妈妈是好人。他们努力工作,不制造麻烦。"有一天,当我告诉他们该如何表现时,他们挑战了我。"老师,为什么你总是叫我们表现好一点?我是一个好孩子,老师。为什么我要比英国的男孩表现更好呢?为什么你这样告诉我呢,老师?公平在哪里呢?"我回答不了。我惊讶地发现当我还是孩子的时候我有憎恨,但是我不能表达出来,我无疑是在问他们……格纳克的问题让我意识到,我不知道该如何回应街头上的种族歧视,尽管在二十年前当我们每次从（犹太）学校放学回家时都会碰到用石头打我们的孩子时,我们也有憎恨。

（莱文,1996:30）

这是一段真实的和严肃的对话,对话中的双方在讨论中都是平等的,他们都以关心和尊重来对待彼此。在这个案例中,这是建立学习者和教师间的信任的方式。

维果茨基之后：莱文和巴赫金

维果茨基的著作大都在20世纪早期的苏联完成，所以他未曾考虑过语言的和文化的多样性问题，但是后来受到维果茨基著作影响的人们将其思想运用到一个更为全球化和多元文化的世界中。乔希·莱文的著作我们刚刚已经看过一些，在那段短暂而难过的时期里，她在一个多元语言的教室里工作，她认为唯有学习者建立在合作关系的基础上时，这种教室才有利于所有的学习者。合作关系包括：儿童在小的群体或两人间的相互学习，教师与学生间的合作关系，教师们共同计划与合作以支持学生的学习。这种方法建立在这些基础之上：提供多元语言的课堂；关注与目的的分享；对于参与者的历史与经验的承认；辩证的学习（即考虑到不同，有时甚至是完全相反的观点）；积极地决定学习的内容、方法和同伴等。她所提倡的这种方法称之为*发展的教学法*，这个术语已经不再流行（因为它真正关注到我们这个丰富的社会中对于多样性的维持）。莱文使我们注意到维果茨基在他的著作，尤其是后期的著作《思维与言语》（1987版，是1962年版的《思维与语言》的再版）中提到过学习外来的语言，他提到一种非嵌入式的教授第二语言的方式可能是不成功的，尽管他认为这种教学对于儿童学习高级秩序概念很关键。他认识到掌握不止一门语言将获得的认知上的益处：掌握第二语言的学习者可以反思他们自身的语言以及他所学习的语言的结构。

巴赫金（Bakhtin，1979）继承了维果茨基的观点，他认为人类的意识源自于我们内在的意识与作用于我们的外在力量之间的相互作用，并以社会建构的文化工具为中介。我们应当记得，意识指的是对于某些事物的认识。巴赫金和维果茨基都关注内部和外部、内在和外在。然而，巴赫金挑战了维果茨基的部分思想，为我们提供了一些可供思考的内容。他很关注社会的本质，并使用了*多声性*一词来形容文化生活的语言和意识形态的多样性。当他在思考维果茨基有关文化或语言的占用的观点时，他认为情境比我们所设想的要复杂和微妙许多。他认为，从普遍上来看，文化并非是统一的，而是由世界上各种相互矛盾的、相对的观点与价值构成。我们已经考量过儿童通过交往开始占用概念、语言、角色和规则的方式。巴赫金认为，这个过程并非只是毫无疑问地简单占用他所使用的东西。学习者所参与的任何事情都包括：

- 存在不同观点的可能性；
- 不同；
- 共享意义和理解的可能性。

对巴赫金而言，社会世界以多声性的多重社会语言的争论为特征，在儿童的操场与游戏世界中也同样如此。这是非常复杂的，然而从本质上看，巴赫金主张的是儿童在成为自己的过程中多是参与性的，而非仅仅将他人的观点和思想内在化。它包含着与这些观点的内在对话，选择*可以接受的观点，并拒绝不可以接受的观点*。这是儿童发展成独特个体的方式。你也许对这种研究感兴趣，而这也是现今诸多研究者正在研究的问题。

布莱斯（Blaise，2005）在她有关性别的著作中展示出，在儿童已经获得了恰当的有关性别的文化标准之后，当他们在生活中与这些标准发生冲突时，他们努力想要克服这些冲突。在一项有关男孩和力量的问题中，布莱斯描述了一段她在学校观察五到六岁儿童攀爬绳索的经历。她意识到有一些男孩，像凯斯、伊恩、利亚姆和詹姆士都不能够爬到绳索的顶端。下面是从她的观察记录中摘录的一部分内容：

> 一开始，当所有的孩子在攀爬绳索的时候，他们看上去都得到了其他同学的欢呼与鼓励。然而，我发现，欢呼声并不是针对所有人。当一个女孩还没爬到绳索上方的天花板就滑下来的时候，她的朋友们跑过来安慰她，拍拍她的背，还摇摇头，鼓励她说"做得好""下次好运"，或"没关系的"。但是，当一个男孩不能够到达绳索顶端而回到蓝色垫子上的时候，他都是被忽视的……
>
> [……] 艾伦默默地、紧张地看着越来越多的女孩成功地到达绳索顶端，并摸到了天花板。女孩一直比男孩表现更好，这挑战了他对于世界应该是怎样的概念。顺便提一下，艾伦是能够爬到绳索顶端的两个男孩当中的一个。
>
> （布莱斯，2005：103）

在后来的课堂讨论中，布莱斯问孩子们谁是班级里最强壮的，艾伦提到了三个男孩的名字。布莱斯接下来问，谁是最强壮的女孩，艾伦回答说"没有人"，当时艾伦直盯着布莱斯的眼睛，仿佛她问了一个荒谬的问题。尽管布莱斯不停地问他，还提醒他说有哪些女孩成功了，而男孩却没有，艾伦只是紧紧地拿着自己的枪。他坚持认为，女孩不可能是强壮的，因为她们没有"大、大、大的肌肉"。

回顾与展望

在这章中，我们讨论了活动理论（此名称是根据维果茨基著作的某些内容而来的），追溯了它三个阶段的发展过程。我们也阅读了科尔的研究，他是一位对维果茨基的著作进行过翻译与解读的学者，他将活动理论作为范式运用到美国的课外环境中，为学生提供了学习机会。我们还讨论了其他研究者和理论工作者的研究，最后我们大致看了一下迈克尔·巴赫金的研究，他帮助我们去理解在适应矛盾性的观点时所做出的努力。

在下一章中，我们将开始关注游戏和意义。此章非常重要，所以请你一定要花时间认真地阅读。

术语表

词语或短语	含义	意义
工具中介	使用文化工具的手段	实践者需要意识到，许多学习者都是通过使用文化工具来学习的，因此需要保证学习者使用的文化工具的恰当性
集体的	指的是一个学习者的群体在一起合作性地工作	我们教学使用中的一种模式，尽管它对于儿童尤其是幼儿非常重要，但是我们也需要保证儿童有小群体活动或单独活动的时间
活动的文化-历史理论	一种学习的理论，基于对过去的经验在学习中的角色分析，与文化相关	实践者需要尽可能多地了解他们所照料的儿童过去的生活与经验
发展的教学法	乔希·莱文关于一种好的教学法的理论，这种教学法可以让学习者与教师产生合作关系，有真正的、参与性的对话，并能够积极地设计教学的内容与方法	实践者都希望能够让他们所工作的课堂和环境是充满交流的
对话指导者	墨瑟使用的另一个术语，用来形容那些他认为是更有经验的他人，通常是教师和其他实践者	实践者可以去思考一下学习者与更有经验的他人在交往中可能产生的对话

（续表）

词语或短语	含义	意义
生态的	这个术语我们之前在谈论布鲁芬布伦纳的著作时已经提到过。它用来形容事物是怎样与它周围的环境以及由近及远的影响发生关系的	这点我们之前已经谈论过
多声性	巴赫金所使用的术语，用来形容社会生活的多重本质，你可以想一想根基于所有文化中的语言和观点	它提醒我们在所有教育中都应当从一种主流性的转入到包容性的方法中
交互式思维	墨瑟所使用的一个术语，用来指代他所认为的学习者把握或承担文化的学习工作的方式。有时由于没有能很好地关注儿童同时生活在不同的世界中而受到批评	实践者需要意识到儿童在承担文化的学习工作
联合中介活动	科尔在讨论他所设立的课外项目时所使用的术语，指代儿童在一系列环境中的位置，如在中心、社区、学区等的活动	第五空间是很有趣的，它里面包含着一些对所有教育者都有益的问题
主导活动	维果茨基发展与学习理论中的一部分，它指的是学习所发生的主要区域或领域。游戏被视为是学前阶段的主导活动。学校与工作跟随其后	是一个有趣的理论，但是对于我们来说它的实践运用太过于广泛。对我而言，它并不能够为学校和儿童早期这样一个宽泛的跨度提供更为细致和敏感的方法
多重声音的	不同的视角、态度、观点和需求是怎样被满足的。这很容易联想到，每个儿童的声音是怎样被倾听和关注的	它提醒我们需要倾听儿童的声音，并保证他们能够保持这种声音
面向对象的	当运用到活动或经验中时，它指代的是具体物的角色	提醒我们需要在学习者参与到抽象思维之前，为他们提供有意义的和具体的经验

CHAPTER SEVEN
On play and meaning

第七章
游戏与意义

在这章中，我们将开始讨论一个大家都很熟悉的概念，那就是游戏（play）。在开始之前，我们先来界定一下什么是游戏。（请注意：在这章中，我们将持续对游戏进行界定，当覆盖的材料越多时，游戏的定义也会不断增加。当你阅读这章的时候，你就会明白我所说的意思。）

界定游戏的含义非常重要，因为它是一个常用的词，常指代许多不同的东西。我们常说，扮丑角（play the fool）、吹小号（play the trumpet）、假装变老（play at being older）、踢足球（play football）、玩大富翁（play Monopoly）、逃学（play truant），等等。每一个短语中 play 的含义都有所不同。当我们说扮丑角时，这里的 play 与吹小号中的 play 含义是不一样的。正因为教育者在使用游戏时有特定的含义，当我们提到游戏时我们需要对游戏有一个共同的理解。如果你问人们有关游戏的日常定义时，它常被概括为"快乐""有趣""非严肃的"等等。如果你问教育者们，他们会告诉你一些更为"科学的"定义，如"自由的""无风险的""迷人的"等。为达到我们的目的，我们需要同意将接下来所提出的三点来作为基础的定义，在本章结束之前我们也许会改变这些定义。

定义1：游戏是自由的，为了让儿童满足自身的需要与兴趣，可让儿童跟随自身的计划。所以，当儿童可以选择在娃娃家游戏、并能够选择游戏的内容时，我们看到的就是真正的游戏。而当儿童进入到娃娃家游戏只是因为轮到他了，或者其他人告诉他要去那里游戏时，就不能被称之为游戏。

定义2：游戏是无风险的，这意味着当事情不能按照计划进行时，由于儿童可以掌控游戏，计划是可以改变的。所以说，在游戏中就不可能有失败。

定义3：由于游戏是儿童自己选择的，儿童会深入地参与到游戏当中，并能够持续数分钟、数天或数周。游戏可以是单独的，或者是与他人一起的。虽然并非一直如此，但是通常游戏里包含有一个想象的世界，符号和信号占据着游戏的一部分。

你也许会意识到，在这些定义中都没有出现"社会的""文化的""交往的""工具""情感"这样的词汇，所以说，在本章结束之前我们会提及这些概念。

蒂娜·布鲁斯（Tina Brunce，1991）在她的《游戏的理论》一书中提出，游戏是*对生活的预演*或者是*一种综合性的机制*。当提及"综合性的机制"时，她指的是儿童在游戏中将综合运用他们已学会的知识和理论。她更倾向于将游戏称为*自由流的游戏*，这是一个流行了一段时间的术语，它指的是当儿童在运用他们已经发展出来的能力和技术性的技能时，儿童将沉溺在各种观点、情感与关系中。所以，对布鲁斯而言，游戏是社会性的，与情感相关，以已有经验为基础，并通过对文化工具的使用提升经验。本章我们将对维果茨基有关游戏的观点进行解析，到时我们将再次回到布鲁斯的观点。

在西方世界中，游戏被教育者们赋予了一种神话般的地位，有时候其实他们并不清楚游戏作为一种学习机制为什么那么重要，但他们都宣称游戏是幼儿学习的最有意义的方式。这种观点随着消费主义的兴起得到加强，一些年轻的父母花大量的金钱去买那些所谓的"教育性的"玩具，教育机构和中心也常常更关注于设备而非教育实践。当然，游戏在许多儿童的生活中是非常重要的，儿童通过游戏学习并加以巩固。但是，他们同样也从日常生活的交往和仪式中学习，譬如说去医院缝合伤口，煎薄煎饼，与他们工作的父母一同外出、饮食、上学、看电视、听故事或读故事，等等。

看上去，全世界所有文化中的儿童都在游戏。他们通过动作和感官的使用来探索这个物质世界。他们拿起并检验各种物品。他们将物品放到嘴里。他们将物品丢掉，又把它们捡起来。他们摇一摇它们。因为儿童并没有参与到一项公开的社会活动中，也并不使用口语，所以我们常常将这些活动视为没有思维和意义的实验性的游戏。但是，问题出现了，真的是这样的吗？（下面我们将提供另外一些游戏的定义。）

对于游戏的定义的补充

定义4：虽然游戏有可能是单独进行的，但是它在起源上来说是社会的，因为儿童将他们与他人交往的经历在游戏中表现出来。与他人的互动常常是游戏的一部分，虽然并不是在所有的游戏中都是如此。

定义5：游戏以文化工具为中介，如信号和符号、玩具和其他物品，当然，还有语言。

定义6：由于儿童控制游戏，在游戏中儿童能够安全地表达出他们的恐惧、愤怒、喜悦、嫉妒或其他情感。所以，游戏中存在情感性的元素。

游戏和意义

对维果茨基而言，游戏是一项与儿童的其他活动不一样的活动，因为在游戏中，儿童创造了一种"假想游戏"的情境，相信这个概念大家都很熟悉。我们有关游戏的定义当然会包含假想游戏，但是并不局限于此。维果茨基想表达的是，当儿童能够参与到假想游戏中时，这意味着儿童开始能够区分可见的世界与感官或意义的世界。这使得游戏进入到*意义的去情景化的阶段中*，即一种当事物并没有呈现在眼前或者并不明晰时仍能够思考此事的能力。当探索某物品时，儿童不仅使用感官来检验物品的颜色、形状、大小、质地，还包括其意义。儿童仿佛在问（当然是暗示性的）："这是什么？"维果茨基认为，这意味着儿童能够区分可见的世界（看到的什么）和感官的世界（暗含的什么），这种区分是儿童发展高级心理机能和言语思维的*第一步*。这种表达使得我们能够清楚地看到游戏在认知或智能发展中的作用。

另外，在游戏中儿童掌控自身活动的能力开始发展。如果将"规则"定义为儿童需适应的特殊原则，那么任何假想游戏的情境中都包含了规则。我们需要理解的是，规则并不是由他人所设定的，而是源自于儿童为物品所赋予的意义。用维果茨基自己的话来说：

> 对我而言，我们可以提出这样一个命题，当儿童没有遵守规则时，或没有去刻意适应规则时，我们不能够说它是游

戏……我们试图展现的是，每一个"假想游戏"的情境中都包含潜在的规则……每一个有规则的游戏都包含一种以潜在形式出现的"假想游戏"的情境。

（1962，被布鲁纳等人引用，1976：73—75）

下面请你阅读一下这些片段，看你是否能够找到其中隐含的规则。

1. 在儿童的头脑里，一根木头成了一根魔杖。

儿童为魔杖所赋予的规则在其中得以运用。魔杖可以挥动，它可以创造奇迹。儿童是通过交往和经验获得这样一些规则的。

2. 一块积木变成了一个手机。

赋予手机的规则在其中得以运用。它可以拿在耳旁，人可以对着它说话，或者把它举起来，可以用它来拍照片。

3. 儿童在娃娃家里扮演妈妈。

儿童变成了妈妈。"成为妈妈"的规则得以运用。儿童必须要照看家庭，根据他拥有的关于妈妈的经历来爱护宝宝、对宝宝生气，或者是探索另外一些情绪。

当儿童在使用某物品或情境来象征或指代另外的物品或情境时，儿童是在使用信号或符号。木棍（某物品）可以用来指代魔杖；一块积木可以用来指代手机；儿童可以扮演妈妈。这种超越可见的物品至想象的物品、运用具体事物来代替想象事物的符号的能力在认知发展中是十分重要的。如你所知，我们运用符号系统来进行交流（说话、倾听、阅读、写作、绘画、音乐、舞蹈），并用来解决问题（数字、符号）等。学习与生活的成功就依赖于这种超越具体、进入抽象的能力。这是学习旅程中的第一步，我们将其称为*象征的功能*。

维果茨基认为，在这些事件中，儿童探索物品时的反馈发生了逆转,以往是物品本身比意义更重要,而现如今,是意义比物品更重要。一块木头是一根魔杖,世界现如今是一个想象的世界;积木是一个手机,儿童可以用手机来与他人交流;儿童是妈妈,她可以根据自身愉悦的或相关的经验来进行任何游戏。维果茨基是这样表达的:

> 在某个关键时期,譬如,当儿童用木棍来象征马,即当某个物品(木棍)可以用来区分马的意义和真正的马时,儿童已经发生某种转变,物品所指代的马比真正的马更重要。
>
> (1978:80)

这种转变非常重要,因为它是儿童发展中的关键性时刻,在前面的章节中我们也已经提到过。游戏情境中的真实物品使得儿童可以在言语性的思维中运用信号作为工具(真实的物品成为其他事物的信号或符号)。比如,如果你与年龄很小的孩子谈论马,他会到处查看,找一找他是不是可以发现一匹马,即是将马视为某个物品。如果你与再大一点的孩子谈论马,他可以在没有一匹真实的或玩具的马在面前的情况下,画出或想象出一匹马。将木棍视为马的儿童在将马的意义与真实的马进行分离。可以运用物品的儿童已经在通往抽象思维的路途上。所以,一个能够在游戏中运用物品的儿童,他已经从需要一个物品来内化某物的形象或记忆发展成为能够在不需要实际物品的情况下玩魔法游戏或骑马。当孩子更年长时,你可以看到幼儿能够使用某物来代替另外的事物,由此在游戏中想象其他事物。下面有两个相对的案例:

1. 两岁的科林将一个装拖把的桶当作是婴儿车,将一个足球当作为宝宝。

2. 四岁的帕杰特爬到塔的顶端，开始攀爬放置在那里的梯子，大声叫道："看！熊在那里，快点到斜坡这里来。躲起来！"

在第一个案例中，科林使用了具体的物品来表征事物。装拖把的桶成为婴儿车，球成了里面的宝宝。接下来他玩的游戏是将宝宝放在婴儿车里，喂宝宝吃东西，与宝宝说话。他为物品所赋予的意义（使这些物品成为符号或信号）是由现实所发展出来的。

帕杰特在她的游戏中并不需要真正的熊。她已经将熊和危险的概念内在化，对她的朋友大叫，与朋友们一起分享她的游戏，保护她的朋友避免她所想象的危险。

意义的概念

下面我们要研究的内容有些复杂，但是理解它对于我们掌握语言与思维的意义很重要。一个单词并非只对应于一个物品。一个单词包含一个整体或种类的物品。如果我们回忆一下儿童使用木棍来表征马的那个例子，我们会发现马的单词并不指某一个具体的动物，而是一个种类或很多动物，那些高的、嘶叫的、可以骑的、有四条腿的、有四个蹄子和一个尾巴的动物。维果茨基认为意义的发展有四个阶段，即儿童发展出*概括*化的过程。他提出的概括化的四个阶段是：① 混合思维；② 复合思维；③ 前概念；④ 科学概念。

让我们一一来看这四个阶段。

1. 第一个阶段是*混合思维*，儿童能够知道熊、马、狮子、大象是什么，但是并不能够处理动物的概念。理解某概念要求儿童能从独立的物品中概括出某些特征，从而以某些方式对物品进行分组和分类。也许儿童认为所有拥有四条腿的生物都是动物。

2. 儿童进入第二阶段，他能够从一个普遍的意义上对物品进行排列和组合。因此，复合思维产生于儿童能够确定事物的相似特征，这些特征是根据独立的群组中的物品功能或目的确定的。所以，由于儿童将刀和叉都确认为是用餐的工具，他能够将它们放置在一起。

3. *前概念*指的是运用符号来表征某物的能力，这样儿童可能绘画某物或写出词语来表征某物。

4. *科学概念*是通过正式教学后儿童能够构建的概念。维果茨基认为当概念进入意识状态时，它们可以被称为科学的。

用维果茨基的话来举一个例子：

> 在我们的实验中，一名很少说话的儿童在没有困难的情况下学会了五个单词——椅子、桌子、橱柜、沙发、书架。显然，他还可以扩展这个系列。然而，他并不能够学会"家具"这个单词。虽然儿童能够容易地学会在这个下属概念系列中的任何单词，但是他学不会"家具"这个更为概括性的单词。学习"家具"这个单词并不仅仅只是在原来他所掌握的五个单词的基础上再加一个。它意味着要掌握概括化的关系。对"家具"这个单词的掌握意味着儿童的第一个高阶概念的掌握，因为这个单词包括一系列更为具体的下属概念。
>
> （维果茨基，1987：225）

也许你现在会挠挠头，问自己说："这跟游戏有什么关系呢？"维果茨基认为复合思维的最高发展形式是*伪概念*，而这通常发生在儿童开始假想游戏时。由此我们发现了它与游戏的关联。这个术语我们之前并未提及，在概括化的四个阶段中它也未曾出现。下面让我们来认识一下伪概念。维果茨基认为通过使用伪概念，由复合思维向概念的发展变得可能。他的意思是说，儿童在能够使用概念之前，他需要发展并使用伪概念。你应该知道"伪"指的是"错误的"，但伪概念指的只是没有得到完全发展的概念，因为伪概念中不同元素的连接是联想的和经验性的，而非逻辑的和抽象的。你应该记得，概念指的是学习者不再依赖具体经验而是通过使用内在化的经验意识到他所知道的事物。学习者在谈话或活动中使用伪概念，仿佛它们是真正的概念一样。你可能听过一个孩子与你或其他成人在谈话中使用过某词，他使用该词的方式显示出，尽管他在使用此词，但是他并不能完全理解此词的意义：

在萨米很小的时候，当她想要说什么事时，她会说："我想要做一个声明。"

你可以看到萨米知道声明指的是一种言语性的事物，在她想要说某事时，她恰当地使用了该词，但是她并不能完全理解其含义。（你会在下面部分的康拉德的案例中看到另一个使用伪概念的例子。）

下面我们将通过迪厄拉（Dziurla Cn. d.）的例子来说明伪概念和游戏之间的关系。他将这个例子称为"遛狗"。如果一个成人与儿童在谈论狗的时候，他们能够互相理解。他们知道谈论的是什么。也许他们会谈论狗的品种、狗的行为、他们自己的狗或者卡通狗。他们所共享的是一个事物，即"狗"的概念。在这点上他们汇合在一起。成人在谈论"狗"的时候，他处理的是一种特有的动物种类的抽象概念，而对儿童来说，这个词使他想起一幅可以叫的动物的图像。在儿童的头脑中有一系列的特征，更像是图像而非概念。

现在，同一个成人结束工作后很晚才回到家中，他在晚餐前对同一个孩子说："这真是狗一样的生活。我太累了！"孩子也许会像以前一样联想起同一个画面，但是他却不能明白成人在告诉他什么。他所使用的伪概念使得他不能从具体事物转向成人所使用的那种*隐喻*的概念。成人可以使用隐喻，即"我的生活像狗的生活一样劳累"。这需要一种比较的能力，如你所知，它是一种高级心理机能。迪厄拉认为伪概念为成人和儿童的世界划出界限。这个界限是可以跨越的，成人和儿童可以在边界区域相遇。这个区域里有真实的、具体的事物，边界创造出思维的心理过程。

你也许还在挠头，感到很困惑，那么让我们一起来阅读一些有关游戏的例子，看这些例子是否能够帮助我们追踪到这个界限，从而帮助儿童朝向高阶思维和概念发展。

阿尔温德和艾米在玩装了水的托盘。水里有一些物品：海绵、两个木塞（其中一个是有孔的）、一些塑料玩具、纸（可能是无意放在那里的）和一些金属螺帽。成人 GH 在观察儿童，并记录下他们的对话，以便对儿童学习做出评估。

艾米拿起一个带孔的木塞放到水中。

艾米：看，它躺在水的上面。

（阿尔温德将海绵放到水里。）

艾米：它也躺在水的上面。

GH：是的，它们都漂浮起来了。为什么呢？

艾米：因为它们都有洞。

GH：这是一个很好的猜想。木塞上面有个洞，海绵里面也有小小的洞，对吗？

阿尔温德：还有这些。

（他拿起一些金属螺帽，把它们丢在水里。它们上面有洞，但是它们并没有漂浮起来。）

阿尔温德：嗯。它们掉到底下去了。

这些孩子都是三岁大，他们选择了玩水游戏，而他们的游戏多少被成人控制了，因为成人从观察他们变成了想要去教他们漂浮的概念。你可以看到孩子一直都没有使用漂浮这个新词，这里所出现的唯一的概括化是艾米和阿尔温德都意识到木塞、海绵和金属螺帽上面都有洞。你也许对这个案例有着不同的分析方式，但是对我而言，在成人引导儿童尝试并接受漂浮的概念之前，他并没有给予儿童足够的真正探索（即在水里对物品进行实验性和具体的探索）的时间。

这个案例是我的一个同事在访问一位实习教师时所观察到的，它与帕拉姆琳和萨姆勒森（Pramling and Samuelsson，2001）发表的一篇关于儿童玩水游戏的文章里所记录的游戏很相似。这些研究者使用的是皮亚杰式的分析儿童学习的发展阶段的范式，但是他们的发现对我们这些持社会性的观点的人来说很有趣。在这个案例中，教师与一个孩子互动，为孩子提供科学概念发展的言语支持。所以，教师以一种疑问式的语气来重复孩子所做出的预测，以此建议孩子更仔细地思考他所预测的内容。举例，当孩子被问到一个没有洞的木塞被丢到水里会发生什么时，他说也许会漂浮起来，而当他认真回答老师的问题时，他又回答道："是的，当水进入到它里面时，它就会下沉。"教师对他的回答给出了质疑："当水进入到它里面时，它就会下沉吗？"

下一个例子来自于杰拉尔丁·拉尼根（Geraldine Lanigan，1998）所做的观察。她观察了在儿童早期教育机构中的孩子们玩磁铁的游戏。

威利（3岁11个月）拿起两块磁铁。他将它们放在一起，又把它们分开。"看它做了些什么！"他把它们分开来，然后看它们是不是又合在了一起。达米安（4岁3个月）站在那里看着，当威利放下磁铁的时候他就拿了起来。他把磁铁放在一起，将它们放在自己的眼睛上。"我在做游泳镜。"接下来，他把磁铁竖起来。"看，一座桥。"

达米安将磁铁放在桌子上，它们吸到了一起。接下来他拿起一块磁铁和一块木砖，什么也没发生。他尝试着用胶锅，还是什么也没有发生。"它不能够粘砖头或者玻璃，但是它可以粘回形针。"

我问他："我想知道为什么呢？"

达米安尝试了一下海绵和铁的卷笔刀。当卷笔刀在桌子上朝着磁铁移动时，达米安开始笑了。"看，它倒了。"他拿起一块勺子。"是的，勺子会粘起来的，刀子也会。它们都会和磁铁粘起来。这个太好玩了。"

我说道："有一些东西可以粘起来，有一些东西不会。"

达米安说道："让我们把它们放成一堆吧。"他开始把铁的东西放回托盘。

奥利（3岁10个月）刚刚一直在教室的那头看，现在他走了过来。他问道："手能够粘起来吗？"他拿起一块磁铁放在自己的手心处。

达米安回答说："不能。"

"为什么呢？"奥利问道。

"因为它没有那种东西——那种磁铁的东西。"

我重复了他的回答："那种磁铁的东西？"

达米安继续说道:"那种可以粘的东西。"

达米安和奥利开始在教室里到处走,他们用磁铁尝试着放在不同的表面上,如墙面、木架子、书。

达米安兴奋地说:"它粘在暖气片上了。"

男孩们回到桌子上,把磁铁放在桌子上。奥利说:"它不能粘桌子。"

达米安说:"把它们都吸起来。"

他把磁铁放在桌子上,看着铁制的物品都吸了过来。他大声对我说:"杰拉尔丁,看!"

我说道:"有一些东西还在桌子上。"

"他们没有拿到正确的物品,那些正确的零碎东西。看,看!"

铁制卷笔刀将回形针吸起来。威利刚刚还一直在阅读区看达米安做实验,现在他回到桌边。他尝试了墙里的螺丝、玻璃壶和刀子。接下去,他直接走到暖气片那里。他又回到桌边,将磁铁上的回形针甩下来,说道:"每次我把它们取下来,它们就又回去了。"

威利开始整理那些可以被磁铁吸住的东西。他把这些东西摆成直线,并将剩下的物品放回托盘里。他把一块磁铁竖立起来,铁制的物品朝磁铁处移动。他说道:"这是桥下流动的河流。"

同时,艾玛(4岁7个月)拿起另外一块磁铁,在桌上挥动着磁铁。当看到磁铁吸住回形针时,她大笑起来。

我说道:"我在想,它们为什么会粘起来呢?"

艾玛指着磁铁的磁极说:"就是这个小东西。"

我问道:"这个小东西有什么特别的呢?"

她回答说:"它能够粘,它是一个磁性的东西。我要去做一件神奇的事情。如果我可以的话,我要把这些小东西取下来。"

(拉尼根,1998:35—36)

这是一个有趣的记录,儿童在游戏中与同伴还有成人交往,从给单个物品命名、运用直接的经验对物品进行概括,到区分哪些物品是能够被吸引的、哪些是被排斥的。在这个案例中,成人与儿童有交往,但是她并未想要教会儿童什么。她将儿童的注意力转移到一些特殊的特征上,如磁铁上的磁极。你会发现,在游戏中的儿童展现出他们所知道的事情,以及他们作为问题解决者的那种忙碌。

也许,这让我们进入到这个问题的核心。但是在揭晓之前,我们再来看一个例子。它来自于苏珊·艾萨克斯(Susan Isaacs)的研究,她将其称为*假想和假设*。苏珊·艾萨克斯在20世纪20年代开展了儿童工作,那时候她在剑桥开设了莫尔廷家庭学校(Maltings House School)。她十分关注幼儿学习的相关理论,所以她在观察、记录和回应儿童的时候都让儿童来引领她。她的《幼儿的智力发展》一书首次出版于1930年,里面都是她的观察笔记以及她利用观察笔记对儿童、他们的爱好、学习和发展所做的分析。书中她提到了一个3岁10个月大的菲尼亚斯的故事。当他在假想游戏时,你可以看到他从现时的具体情境中将意义提取出来,这使得他能够意识到自己要根据假设的情境来进行表现。

菲尼亚斯和其他孩子在教室里用桌子和椅子做了一艘船。菲尼亚斯扮演了一位船上的乘客这样一个消极的角色,他忙着缝制帆布包。船上还有一个成人。其他孩子扮演另外一些角色。菲尼亚斯发现自己没有线了,成人建议他到抽屉里去拿点。菲尼亚斯完全地沉浸在角色中，他说道："我不能在船行驶的时候下船，对吗？"他对船长说道："停船！我要下船！"最终船长同意了，船被带到了"停船区"，菲尼亚斯下船，拿到了线，重新上船，说："现在你可以开船了。"

(艾萨克斯，1930：105)

菲尼亚斯在假想游戏中展示出他能够按照好像他就在船上那样行动的复杂能力，尽管他从来没有坐过船。不仅如此，他显示出他能够假设如果他要从移动的船下来的话将要发生的事情，再说一次，尽管他从未坐过船。所以，通过游戏，菲尼亚斯不仅将他所有的经验和记忆结合在一起，他还结合了那些他所拥有的与"在船上"相关的概念。他知道一个人是不可能为了到教室的抽屉里拿线而从海上的移动船只里下来的。这个孩子还不到四岁，他已经取得了思维发展的显著成就。

在另一个观察中艾萨克斯提到，有两个五岁的孩子在检验一棵苹果树的树干上的两三个洞，有的洞上面还覆盖有腐叶土。

他们带来了水，将水灌倒进其中一个洞里，当他们看到水从另一个矮点的洞里流出来时，他们感到很有趣。丹看着另一个比刚刚他们灌水的那个洞更高一点的洞，说："也许它会从这个洞里出来。"D.小姐问道："你认为可能吗？"康拉德回答说："不可能，除非它背后有压力。"

(艾萨克斯，1930：112—113)

艾萨克斯在她的分析笔记中提到，康拉德可能不太懂得他所说的话的全部含义，他也没有对压力一词的抽象的理解。对他而言，这是一个

伪概念。艾萨克斯的解读很有趣:

> 最有可能的解释是这样的。最近孩子们在讨论水是怎样进入浴室的水管中的这样一些问题（他们经常问这样的问题），他们得到的解释说水是从更高楼层的水管里流出来的，尽管水不能够往高处流，但是在这里水能够借助背后的压力往水管里流。康拉德将这个原理运用到树洞这样一个新的情境中。这并非一种纯粹的言语分析，因为树上的洞与浴室里的水管太不一样了。我们必须要意识到它们背后的共同元素，从一个洞里进去的水是怎样、在什么时候可以从一个更高的洞里流出来呢？
>
> （艾萨克斯，1930: 81）

有规则的游戏

下面我们将增加一些有关游戏的定义。

定义7: 在假想游戏中，儿童发展出规则，而这些规则通常指的是用某事物来表征其他事物。这将促使儿童使用所创造出来的符号或信号，为物品或某人创造意义，而不再是单纯地关注物品或某人。这是通往高级心理机能的第一步。

为了在社会中生存，儿童需要学习那些运用于他们的家庭、社区和文化中的规则。在某些文化中，盯着某成人看将被视为无礼的行为；而在某些文化中，晚餐后在桌上要求"离席"是一种礼貌的行为。当儿童从婴儿期成长到儿童期、再到更大时，他们通过与有意义的他人的交往学会了这些规则。我们之前已经说过，任何想象的情境都包含着儿童所创造的，或儿童协商出来的行为规则。当一个孩子想象她自己是姐姐时，她必须要运用她所认为的做姐姐的规则。维果茨基在1933年的《游戏及其在儿童心理发展中的角色》（1967年用英文发表）一文中，描述了一项由他的同事萨利（Sully）所做的观察。在那项观察中，两姐妹（分别是5岁和7岁）决定要扮演姐妹，她们将游戏情境与现实融在了一起。在这里重要的一点是，在生活当中，儿童仅仅只是姐姐，她从未想过作为一个姐姐意味着什么。在游戏中，成为姐姐是需要被有意识地建构的，维果茨基提到她们所创造的规则是这样的：

> 在整个游戏当中，我必须要一直在所有的妹妹们面前充当姐姐。

这对姐妹在游戏中所采取的任何行动都需要服从于这个规则。当游戏结束后，儿童已经学会遵守游戏中的规则，并将这些规则加以内化，有可能已经服从这些规则。对维果茨基来说，儿童通过假想游戏学会了与他们所在环境与文化相适应的行为规则。

儿童从与物品的游戏发展到"假想他人"的游戏，这种游戏帮助他们参与到他们所熟悉的社会文化实践当中。在最早的角色游戏中，儿童通常扮演的是他们最熟悉的角色：妈妈、爸爸、姐妹、兄弟、祖父母等。随后，这种游戏会扩展到中间系统（儿童生活中所遇到的家庭和当地的机构）中的角色，儿童开始与一些其他人交往并开始思考他们的角色，如护士、医生、警察、店员、教师等。儿童所尝试的每一种角色都包含着执行一个复杂的行为标准与期待的系统。这里有两个孩子在家中玩学校的游戏，瓦希达10岁，塞伊达8岁。瓦希达扮演的是老师，她有一块小小的黑板，塞伊达扮演的是学生，她有一个小的笔记本。

> 瓦希达：24乘以4等于多少？如果你不知道怎么做的话，

这里有一个简单的方式来做乘法。

我们用格子。怎么了？塞伊达。你真不错，知道要把手举起来。

塞伊达：我不知道怎么用格子。

瓦希达：好！我们一起来做一个。可以吗？我们就做24乘以4。首先，我们要画一个格子……

然后我们要画两条线，用对角线的方式。对了……做得很好。

[……]

瓦希达：第一个总数是30乘以5等于……如果你想用格子的话。或者你也可以用自己的方式，或者你可以在头脑里做，但是我还是希望你能够算出点什么。

（威廉姆斯，2004：62）

瓦希达知道怎样去扮演老师。她很了解教师的声音、声调和特殊的用语，并且她已经将给予鼓励的重要性的概念加以内化。如果你听听教师的声音，你会发现她所使用的那些评价，如"你真不错，知道要把手举起来""做得很好"。在威廉姆斯给我们所提供的这个案例以及另外一些例子中，当瓦希达扮演教师的角色时，她一直遵守着她所发现的作为教师的规则。你也许看到过很多年前由开放大学所制作的一个视频。在视频中，四岁的海伦扮演了食堂经理的角色。她从未见过食堂经理，但是她碰到过一些组织事务并能够有效地工作的负责人。在视频中，她所使用的声音、习惯和语言都是经理常用的。这些事情都是游戏性的，但也是严肃的，因为儿童通过观察与交往执行了某些规则。她在游戏中将这些规则表现出来，从而意识到这些规则。她必须要意识到这些规则，从而她在游戏中可以遵守这些规则。

维果茨基认为不可能存在没有规则的游戏。在游戏中，遵守那些假扮角色的规则给儿童带来快乐与满足。他也认为，假想游戏首先是创造力的先驱。因此，创造力和想象力是通过游戏所形成的。他提到：

> 游戏多是一种对于现实所发生的事情的回忆，而非想象。
> 游戏多是一种行动的记忆，而非一种新的想象的情境。
>
> （1978：103）

你应该知道，在儿童期的后期，即当儿童入学之后，规则游戏开始超过了其他类型的游戏。规则成为最重要的元素，但是在游戏中，仍然存在着一些假想的元素，以及与游戏和规则相关的想象的情境。角色游戏成为规则游戏，它使得儿童从依赖于情境的支持（为儿童游戏提供了可供选择的角色，儿童可以定义其规则），发展至以内在规则的形式出现的抽象认知。当然，这所有的一切都发生在社会-情境性的过程当中。下面是关于游戏的最后一个定义。

定义8：然后，游戏从角色游戏（儿童可以赋予他所选择的角色以规则）过渡到以规则为主的游戏（假想仍然可能）。游戏是行动中的记忆。

修正我们关于游戏的观点

在这章中，有一些我们所熟悉的和不熟悉的观点。相信阅读这本书的你们已经对游戏有过很多的了解，尤其是了解在教室和机构中为儿童提供游戏机会的原因。你们当中有些人也许会关注这样一个问题：由于儿童早期的达成目标的要求在不断增加，游戏的机会已经在减少。最新的早期基础阶段教育体系已经要求我们保障儿童的正式学习，而这种学习比世界上的其他国家都要早。我们应当十分关注这个问题，因为我们已经更多地意识到直接的日常经验的重要性，它能够帮助儿童将他们的知识建立在有意义的情境的基础之上。我们需要了解的是，一些研究者和理论工作者认为游戏（游戏是符号和假想游戏）不仅对儿童的社会和情感发展有益，它对于儿童的认知发展也是有益的。我们希望通过这种认识，你们能够继续为儿童提供跟随他们自身的热情与兴趣的机会，让儿童与他人交往、使用文化工具和解决问题。

回顾与展望

维果茨基提到以下这些观点。

1. 与物品的游戏将帮助儿童开启抽象思维的旅程。他们通过意义的*去情景化*（即使用某事物表征其他事物的能力）得以实现这个目标。

2. 在游戏中，儿童能够选择角色，并创造和改变规则，维果茨基将其视为社会文化实践的*采纳*。儿童扮演着他们有意选择的游戏角色，并根据其需要创造了用于组织游戏的规则。

3. 游戏可以帮助儿童产生最近发展区。维果茨基说道："在游戏中，儿童总是高于其平均年龄、高于其日常行为的；在游戏中，就仿佛他是一个高于其自身的头脑。"（1967：16）

在本章中，我们花了很多时间来探讨游戏，我们试图获得一种广泛的、综合的对于游戏的理解，以达到一种有关游戏的共识。概括起来，我们提出了关于游戏的八个定义。

定义1：游戏是自我选择的，为了让儿童满足自身的需要与兴趣，可让儿童跟随自身的计划。所以，当儿童可以选择在娃娃家游戏，并能够选择在那里游戏的内容时，我们看到的就是真正的游戏。而当儿童进入到娃娃家游戏只是因为轮到他了，或者其他人告诉他要去那里游戏时，就不能被称之为游戏。

定义2：游戏是无风险的，这意味着当事情不能按照计划进行时，由于儿童可以掌控游戏，计划是可以改变的。所以说，在游戏中就不可能有失败。

定义3：由于游戏是儿童自己选择的，儿童会深入地参与到游戏当中，并能够持续数分钟、数天或数周。游戏可以是单独的或者是与他人一起的。虽然并非一直如此，但是通常游戏里包含着一个想象的世界，符号和信号占据着游戏的一部分。

定义4：虽然游戏有可能是单独进行的，但是它在起源上来说是社会的，因为儿童将他们与他人交往的经历在游戏中表现出来。与他人的互动常常是游戏的一部分，虽然并不是在所有的游戏中都是如此。

定义5：游戏以文化工具为中介，如信号和符号、玩具和其他物品，当然，还有语言。

定义6：由于儿童控制其游戏，在游戏中儿童能够安全地表达出他们的恐惧、愤怒、喜悦、嫉妒或其他情感。所以，游戏中存在情感性的元素。

定义7：在假想游戏中，儿童生发出规则，而这些规则通常指用某事物来表征其他事物。这将促使儿童使用所创造出来的符号或信号，从而超越物品或人本身，到达儿童所赋予的物品或人的意义。这是通往高级心理机能的第一步。

定义8：然后，游戏从角色游戏（儿童可以赋予他所选择的角色以规则）过渡到以规则为主的游戏（假想仍然可能）。游戏是行动中的记忆。

由此我们看出，游戏是一种非常复杂和吸引人的现象，而并非是一种可以被忽视的仅仅为了好玩的事情。它是一项严肃的工作，在游戏中，儿童由依赖发展到独立。如果我们没有对游戏的意义和严肃性有清晰的理解，我们需要谨慎地使用类似于"游戏是儿童的工作"这样一些标语。

在下一章中我们将回到支架这一概念，从而对我们该如何在教育中运用支架理论来帮助学习者进行深度的考察。下面的图表将展示出现实的发展水平与可能的发展水平之间的差距，并展示出在这个差距（即最近发展区）中，通过为儿童的学习提供支架、使用文化工具、扮演他人或其他事物的角色并符合角色的规则，儿童超越了他们在日常活动中所显示出来的能够达到的水平。图7.1将帮助你看到我们之前所讨论的问题之间的联系。

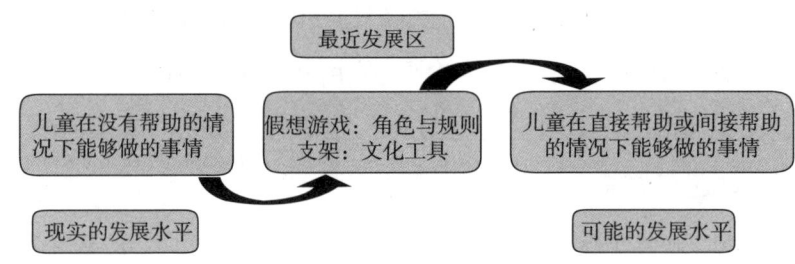

图7.1　根据最近发展区为儿童提供发展支持

术语表

词语或短语	含义	意义
社会文化实践的采纳	采纳群体中的意见或实践	一个重要的概念，能够帮助理解儿童是怎样从社群实践的边缘发展至社群实践的中心的
复合思维	通过确定显著的特征来把握事物更广泛的含义的能力。例如，家具	通往高阶思维的路途中

（续表）

词语或短语	含义	意义
意义的去情景化	一种当事物并没有呈现在眼前时仍能够思考此事的能力	理解这点非常重要，它能够解释为什么游戏是一种如此重要的学习方式，尤其是对幼儿而言
自由流的游戏	布鲁斯的术语，用来形容游戏是自我选择的，儿童深入地参与到游戏当中	
概括化	由特殊发展至普遍	高阶概念
假设	一种有关如果……将会发生什么的理论	高阶概念
假想	与假装同义，一种按照"好像"来行动或用"假使"来思考的能力	
游戏作为综合性的机制	蒂娜·布鲁斯的观点，她认为在游戏中，儿童能够将他们所学习的内容综合起来	这是一种有趣的观点，尤其是你从最近发展区的观点出发去理解它时
游戏作为生活的预备	以前有一些理论工作者认为儿童的游戏是为了让儿童成人而做的预备。这是一种逐渐在消亡的观点，这种观点将儿童期视为成年期的预备	你可以决定你是否持这样一种看待游戏的方式
前概念	运用符号来表征某事物的能力	高阶概念
伪概念	为概念过渡到抽象思维提供帮助；通常指儿童在没有完全理解含义的情况下使用某词	
象征的功能	迈入抽象思维的关键一步。它指的是用某事物表征其他事物的能力，是意义的去情景化的开端	朝向高阶思维发展，对于理解游戏在学习中的作用非常重要
混合思维	把握分离的事物图像的能力，譬如，椅子和桌子	通往高阶思维的路途中

CHAPTER EIGHT
On bridging the gap: More about ZPD

第八章

缩小差距：
有关最近发展区的详细信息

本章我们将探究的是，当儿童从他在教室或机构中所展示出来的水平迈向高级机能水平时，其中究竟发生了些什么。我们将讨论一系列的策略或技巧，包括：

- 支架；
- 持续性的分享思维；
- 引导式参与；
- 所有权和占有；
- 交互式和同伴教学——成为有经验的他人；
- 提问和理论；
- 反馈。

支架

支架一词是由杰罗姆·布鲁纳（Jerome Bruner,

1997）所提出的，这是他在阅读维果茨基著作中有关最近发展区的理论之后所作出的回应。众所周知，他从建筑工地那里借来了此词。支架是为成功地完成一座高楼的建设（或修缮、装饰）而设立的临时性支柱，高楼完成后支架即被拆除。所以，布鲁纳借用此词来解释那种通常以成人—儿童对话的形式出现的互动性支持，这种支持是由成人设计的，力图使儿童*内在心理的*（即学习者内心所发生的）机能发展最大化。这种支持或支架是渐进式的，唯有当儿童能够完成任务时，支架才会撤离。布鲁纳对教师或有经验的学习者该如何支架学习提出了他的想法，下面将对其进行总结。

教师必须：

1. 通过强调问题的有意义的特征，*保护学习者不分散注意力*；
2. 对帮助理解的步骤进行*排序*；
3. 促进教师与学习者之间的*协商*；
4. *了解*帮助学习者成功需要什么。

布鲁纳提出，这最后一点尤为重要，因为它提出了文化是怎样通过他人的中介而实现内在化的问题。布鲁纳引用了托马塞洛等人（Tomasello et al.,1993）的观点，他提出文化的成功*传递*有几个条件，譬如，一位能够欣赏儿童文化的教师，以及在学校或机构里的教师与学习者就如何合作已达成共识。这里所传递的信息是很清晰的，即只有当学习者得到与他们共享同样的文化工具（如语言）的指导者支持的情况下，学习者才能够更好地发挥他们的潜能。

达塔（Datta）在她的《双语与读写》（2000）一书中举了一些例子，在这些例子中，年幼的双语使用者能够获得与他们说同样语言的人的支持，并拥有物质和可见的工具来帮助他们构建共识。她提到一位教师与一个说双语的五岁女孩西玛的例子。班级里的孩子们在进行数学活动,其中包括制作盒子。在活动结束前,教师邀请西玛向班级里的孩子展示她的工作,但是由于她没有听明白教师让她做的事情,她没有能够进行展示。支持她的那位老师发现了她的问题,仔细地向她解释,并指着她所制作的盒子。西玛明白了老师的意思,将盒子展示给大家看,当教师问她"你是怎么做的?"时,支持她的那位老师再次帮助了她,举起了一把剪刀。西玛拿起一把剪刀,展示出了她所学习的内容。所以,像西玛这样一个也许会被视为不能够完成任务的学生,实际上却能够展示她最终的学习成果和学习过程。

下面还有一个关于西玛的例子,她在与老师、朋友安雅阅读书籍时得到了学习上的支持。他们在读《小红母鸡》,以前他们在课堂的故事时间里听过这个故事,在其他时间里他们也一起坐下来阅读过。当他们读到副歌部分"谁可以帮助我呢?",两个小女孩加入了老师的阅读。安雅比西玛更有自信心,西玛只是轻轻地动了动她的小嘴巴。后来,直到西玛翻到了自己所熟悉的图片和副歌部分,她才开始"读"给老师听。她开始读这些内容,接着她翻页,又重复了一遍副歌。老师意识到了她的挣扎,指着旁边写着"'不是我'猫儿这样说"的书页。西玛看着老师,但是她什么话也没有说。老师读了这段文字,这次西玛往下看了看这个书页上的文字。这种一对一的支持显示出一位敏感的教师可以成功地帮助儿童进入到下一个阶段,这种帮助是很小的,也不至于伤害孩子的自信心。

如果你曾经尝试过使用大开本图书来进行分享阅读活动,那么你肯定是参与了或者目睹过行动中的支架。下面我将提供一个我所观察到的案例。在你阅读时,请思考我刚刚提到过的四点:通过强调问题的有意义的特征,保护学习者不分散注意力;对帮助理解的步骤进行排序;促进教师与学习者之间的协商;了解帮助学习者成功需要什么。

艾莉森是一名预备班的老师。班里有许多孩子说的是其他语言，所以她尽量使她的分享阅读或写作时间能够获得一位能说一门主要语言的老师的帮助。她想给孩子们提供一些韵律，所以她让孩子们从爸爸妈妈那里搜集一些韵律。有一些家长帮助了她，这样她那里有了一些孟加拉的韵律和一首希腊韵律。今天，她使用了一本大开本的童谣图书来作为童谣的模板，孩子们都聚集在一起唱歌和绘画。今天的童谣是《约克老公爵》。她选择这首童谣的原因在于孩子们不再需要为它作曲，因为它已经有韵律了。他们可以集中练习他们写作的改编技巧。另外，孩子们喜欢"上"和"下"的动作（或者上去一半、下来一半）。她对孩子们已经知道的内容非常清楚，所以她试图让孩子们的注意力集中在韵律的重复上（她已在书页上清晰地标明），这样能帮助孩子们更容易读懂韵律。

孩子们都坐在毯子上，一名助教坐在说锡莱特语或孟加拉语的孩子们旁边。艾莉森将一个笔记本放在黑板上，想要用一支大笔来展示写作的内容。但是他们是从哼唱昨天学习的孟加拉韵律开始的，她很高兴看到大家都加入进来，还做着动作。接下来，她问孩子们有哪些人听过这首新的韵律，接近一半的孩子举起了手。艾莉森邀请他们一起来念韵律、做动作。刚开始她念得很慢，后来她逐渐加速，听到她这样做孩子们都变得活跃起来，兴高采烈地加入进来。整个活动中，她吸引了孩子们的注意力，不让他们受到干扰。接下来，她在书页的顶端写上"约克老公爵"，告诉孩子们这个是标题。她接下来问了一个孩子她该从哪里开始写，她知道这个孩子知道该怎样写作。这个孩子上来，指向书页的左边和标题的下面。艾莉森开始书写。

噢，老公爵……

她停下来，问他们："我知道'约克'这个词已经在书上了。谁可以找到它？"当胡里奥发现了这个词时，艾莉森大大地表扬了他。当她把一行写完后，她把笔移到下一行，让文本都排列起来。所以，我们有了这样的文本。

噢，约克老公爵（Oh, the grand old duke of York）
他拥有一万人马（He had ten thousand men）

艾莉森停下来，问孩子们："你们从单词十（ten）和人（men）里发现了什么？"玛拉大声叫道："它们押韵！它们押韵！你昨天告诉过我们了。"

"非常好，玛拉。"艾莉森说道。"你还记得！"她让孩子们教她该如何开始写新的一行，如何写每行第一个单词的字母，接下来还要做什么。现在我们有了这样的文本：

噢，约克老公爵（Oh, the grand old Duke of York）
他拥有一万人马（He had ten thousand men）
他把他们训练上山（He marched them up to the top of the hill）
又把他们训练下山（And he marched them down again）
（命令）他们上山，（And when they were up,）
他们便上山（they were up）
（命令）他们下山，（And when they were down,）
他们便下山（they were down）

艾莉森邀请胡里奥接下去写下一行"当他们……"。她选择他是因为他非常热情，而且他很可能成功。不仅如此，他还有书页上的文本可作为模板。当胡里奥在帮助下写完时，艾莉森完成了这个韵律，所有人一起读韵律。快结束时，艾莉森让一些孩子上来指认他们认识的或能够读的单词，或者是与他们名字的首字母一样的单词。

在这里，我们很容易看出艾莉森为孩子们的学习提供了支架。她从孩子们所熟悉和喜爱的童谣开始。她并没有强迫他们做任何事情，而是*选择个别学生作为行为榜样或者同伴老师*。她将步骤进行了*排序，进行协商并给予反馈*，这体现在当她对玛拉进行表扬时，她给出了恰当、具体的表扬。你现在应该可以确定，在正式机构中你应该碰到过一些成人对幼儿的学习提供支架的案例。

持续性的分享思维

这个术语你应该听说过。这是一个现今很热门的讨论儿童早期学习与教学的词语，产生于"儿童早期有效教学法研究"（the Researching Effective Pedagogy in the Early Years, REPEY）项目的研究结论中。为了确定早期教育机构（一共14种）的"优良实践"，研究者们确定了四个方面的内容：儿童与成人的互动；课程特点；家庭与社区的合作；行为的相关问题。我们将集中讨论第一个方面。在那些被"学前教育有效准备"（Effective Provision for Pre-school Education, EPPE）项目评分最高的机构中，最重要的因素是其成人与幼儿互动的质量，你应该不会对此感到惊讶。结果显示，这些机构取得了最大进展，它们的活动都是基于直接的经验原则，并且为儿童构建新的理解提供了帮助。在研究者看来，他们所确定的质量的特征在于，儿童有机会与成人一起参与到有意义的活动中，他们能够彼此分享意义、参与理解。他们认为，在这些介入中所产生的学习是特殊的，他们将其称为学习者与成人之间的*持续性的分享思维*。在他们的观点中，这个概念可加入到支架的概念当中，可以被视为一种具有以下三种特征的活动。

1. 成人对于儿童在做什么以及他想做什么都给予了关注，并且对所涉及的学科或活动有足够的了解。

如果教师希望对儿童有合适的反馈的话，那么这点就非常关键。我想要强调的是，早期教育的专业知识更多的是关于儿童怎样更好地学习，而非某个特殊的学科知识。当年龄较大的儿童能够探索和理解抽象概念时，成人则需要对儿童所学习的知识和内容有所了解。

2. 儿童能够意识到他所学习的知识、成人的想法以及活动的"要求"。

在学校里有这样一种流行趋势，即在一个项目开始之前将学习结果写在黑板上。这个主意是不错的，它可以帮助儿童理解你期待他们所学习的内容，但是幼儿所学习的是他们感兴趣的以及与他们有关系的内容，尽管你确立了他们的学习结果，但是这些结果可能并不能够分享。唯有通过你做的评论或你问的问题，这些结果才可以分享。你还记得海伦扮演餐厅经理的案例吗？在观察海伦的一个时间段里，海伦拿着一个放着一些积木的玩具煎锅走近成人。"香肠，"当她拿着锅子放在成人面前时她说道。"噢，"成人问道，"你有多少香肠呢？"她瞪了成人一眼，接着走开了。成人强加给儿童一个学习结果，而这个结果与儿童现在所做的并不相干，这显示出成人对于儿童工作的不敏感和无力。

3. 活动中有着对于某想法或技能的积极的共同构建。

共同构建指的是儿童和成人共同做某事。

请阅读下面的个案来理解这一点。我们可以看到一个成人带着一群幼儿在桌上玩橡皮泥。成人是一名保育员，用NNEB1指代，其中一名幼儿3

岁11个月大，用男孩1指代。（注：我的评论在方括号中，用斜体表示。）

男孩1：（递给老师一个球状的橡皮泥。）

NNEB1：这里面有什么吗？我要打开它。

[*教师给儿童提供了一个想法。*]

NNEB1：（迅速地将球变成拇指大的罐子，将它递给男孩1。）它是空的。

男孩1：（拿起一块橡皮泥，把它变成拇指大的罐子。）它是一个蛋。

NNEB1：（小心翼翼地拿起它。）这是个奇怪的形状。

（另一个孩子尝试着拿起"蛋"。）

（递给男孩1）它会孵出什么来呢？

男孩1：一头狮子。

NNEB1：一头狮子？……我知道为什么它会孵出一头狮子了，它的上面有一些带毛的东西。

[*成人严肃地对待了儿童的想法。*]

（NNEB1让男孩1把蛋放在一个安全的地方去孵化。男孩1把蛋带到卫生间里。数分钟后，男孩1回到群体中。）

NNEB1：蛋孵出来了吗？

[*在这里，成人显示出她还记得儿童之前在探索的事情。*]

男孩1：是的。

NNEB1：是什么呢？

男孩1：是一只鸟。

NNEB1：一只鸟。那我们在游戏时间里应该把它带出去放在一棵树上，这样它就可以飞走了。

引导式参与

这个术语是芭芭拉·罗戈夫（Barbara Rogoff，1990）所提出的，她主要研究的是各个国家（有许多是发展中国家）的儿童在生活中通过日常活动所进行的学习。她将儿童视为社群中成人或其他有经验的他人思维的*学徒*。这让我们看到了它与持续性的分享思维的联系，由此我们回到威尔斯（Wells，1985）和布鲁纳（1966）所做的关于儿童如何习得第一语言的研究。他们考察了儿童与其照料者在家庭中所进行的日常活动，发现儿童与成人之间有一种意义的共享，从而帮助其交流的产生和意义的建构。下面用一个例子来对其进行阐释：

> 14个月的玛丽卡爬向她的玩具箱，将里面所有的玩具翻出来。然后，她望着妈妈开始哭起来。"你想要什么呢？"妈妈问道，并走到玩具箱前，看是不是能够找到宝宝想要的玩具。她看到一个玩偶的手从地毯的下面伸出来，她拿起玩偶。"是这个吗？"玛丽卡用一个大大的微笑做出回答，并以此奖励妈妈的坚持。

这个案例很容易进行分析，这样的事情每天都在发生。幼儿的父母、照料者和教育者必须要猜测儿童想要的、想做的和想发现的，从而满足幼儿的需要。这种意义和目的的共享是保证让学习发生的前提。在前面的章节中，我们已经讨论过词语作为文化工具的重要性，并探讨了语言是如何成为学习的中介的。这里，我们要介绍一个新的术语和概念：*主体间性*。主体间性指在人们使用文化工具来解读他们社会的、文化的或认知的生活的过程中，人们通过与他人的交往而构建的意义共享。主体间性所强调的是，在学习中共享的认知、思维和共识是基本的元素。维果茨基（1987）认为主体间性为已知和新知之间搭起了桥梁。让我们从学习的角度来对此进行思考。如果我们缩小了实际的和可能的、现实的和潜在的水平之间的差距，我们使儿童从已知过渡到新知。主体间性为交流提供了基础，并指向儿童理解力的可能范围。罗杰夫认为，我们可以从成人与儿童一同参与到日常的绘画、烹饪、编制、销售，或家庭里的以及家庭以外的工作那里获得一些理解。他们所参与的这些工作与人们的需求和生活密切相关，因而可以产生意义的共享。儿童有范例可供观察、有话语可供倾听，所以刚开始他们听，后来他们就可以参与到社群的生活中。通过这样的方式，儿童由社群实践的边缘进入中心，成为正式的成员。

克莱尔·凯利（Clare Kelly，2004）阐述了杰米在幼儿园里是如何通过对于技术的热爱（尤其是对巴斯光年）进入到读写的学习中的。他对于他所见的有一个丰富的认知，并且会与他的主要照料者妈妈和祖母讨论。幼儿园的老师发现流行文化中的人物出现在了杰米的所有绘画、模型制作和讨论当中。举个例子，当杰米在用纸折飞机的时候，他告诉一位老师说他的保姆已经告诉他该怎样折。老师并未忽视他在家庭中的学习，而是将其视为读写学习的开始。他们选择通过引导式参与来了解杰米在家庭中的学习，并以这种学习为基础。他们发现，杰米对于书籍的冷漠态度以及对于视频、电影或电视的热衷源自于他从家庭中所带来的经验，家里的读写活动对于文本和规则总有一定期待，而当他在观看有图像的屏幕时，总有爱他的人陪伴在他的身边。

所有权和占有

你应该还记得,巴赫金和维果茨基都认为儿童的意识(即他对于自身世界以及世界中的事物的认识)仅仅只是社会和文化世界中的一部分。他人将儿童放到供儿童和成人使用的信号和符号当中,让儿童通过信号和符号与世界互动、探寻世界。随着儿童和成人持续进行这样的活动,意义得以协商,儿童与成人的理解之间的差距逐渐缩短,儿童也逐渐成为信号使用者社群中的一员。换句话说,通过与他人在有意义和相关的情境中进行交往,儿童成为阅读、书写、数学、艺术、音乐和其他符号系统世界中的一部分。维果茨基提醒我们,儿童"*进入到周围人的智力生活当中*"(1978:88)。为了让儿童成为社群中的正式成员,他们需要占有或者是拥有自身生活与世界的所有权。

当我们将学习视为参与和分享时,所有权和占有这两个词就将一再出现。它们意味着,当我们想要缩短儿童与成人之间理解的差距时,儿童或学习者必须有积极性,而这要求儿童能够对活动或相关问题有一种所有权的感受。*占有*一词指的是,儿童需要将他感兴趣的事情融入自身,成为自身的一部分。占有只有在这种情况下才有可能发生,即儿童所参与的事务足以使儿童全神贯注地参与到事务中,并且儿童希望能够持续这项事务。莉莲·凯茨(Lillian Katz)写了大量关于早期教育的著作,她认为(1998)现今要求儿童所做的和期待儿童参与的事情大都是非常枯燥和琐碎的,与儿童的需求和兴趣无关。她提出,我们需要认真思考儿童是否在这样的活动中拥有所有权、并能从中学习。请你对以下的这些任务做出自己的评价,这些任务都是从现今课堂中摘录下来的。

> 将所有的大气球涂成红色,将所有的小气球涂成绿色。
>
> 写出5个以r开头的物品。

将这些形状整理成一套（一些平面正方形、长方形、圆形和三角形）。

请抄写下面这句话：猫是黑的。

儿童需要吟唱一年中月份的名字。

儿童需要在班级里制作圣诞卡片，哪怕班级中只有一位小朋友是基督徒。

当成人被问到为什么给孩子设置这些任务时，回答有："他们必须要认识颜色"或者"他们要受到教育"。假如真正关心他们正在做的事的话，你也许会想要知道怎样让儿童做那些可以缩短他们能做的与他们想要做的之间差距的事。

交互式和同伴教学：成为有经验的他人

在思考学习的社会属性和*有经验的他人*的角色时，维果茨基并没有将*有经验的他人*局限为成人。对他来说，一名儿童如果在某个特殊领域比目标儿童要更有经验时，他可以帮助目标儿童缩短其差距。同伴教学或交互式教学就是在这种思想下产生的，有许多研究将其运用于幼儿以及年龄较大的儿童当中。

让我们一起来看一下肯纳的研究中有关同伴教学的案例。你应该还记得，在前面的章节中我们看过明教阿米娜学习中文数字七。下面让我们再看一下这个案例（比之前要更完整），阅读的时候你可以思考这样一些问题：明作为一个有经验的他人，他从教阿米娜的过程中学习到什么呢？阿米娜从明对她学习的支架中学习到什么呢？

中文里有上千的汉字，每一个汉字指代不同的意思。这些汉字由一个包含着基本笔画类型和笔画图案的系统组合而成。在中文学校里，明学会了根据特定顺序来精确地书写每一个笔画，并写出正确的汉字，以免与其他相似的汉字混淆。此外，学校对最终写出来的汉字的审美价值也给予了很大关注。在第一年的课堂中，教师和孩子们就每个笔画的长度和角度以及它与其他笔画的平衡度的问题展开了很多次讨论。

当明教阿米娜的时候，他都采用了这些原则。明给阿米娜展示了数字"七"，阿米娜尝试着模仿这个数字……有时，她模仿出来的特别像是英文数字"4"。明意识到阿米娜可能从英文的角度来理解中文书写；上次，她还写了一个弯曲的中文笔画，将它比作是英文数字"2"，明评价说："不，不是2，写中文。"这次他又告诉她说："这是4，写错了。"有一次，阿米娜写出来的很像英文字母"t"，明再次提醒："错了，这是T。"当他再次向阿米娜展示如何写七时，他对自己所写的文字做出了一个审美的评价，说："它太大块了。"

阿米娜的回应是根据"老师"所提供的模板再多写几遍中文数字"七"。当她学习中文数字"三"时，她开始对自己中文书写的细节给出自我评价。

（肯纳，2004b：108）

每一次当我阅读这个案例时我都会对此感到惊讶，这个六岁的小男孩明对于中文和英文这两种文化工具的特征竟然知道得如此之多。他已经发展出元语言的知识（关于语言本身的知识），通过他在中文和英文学校中与有经验他人的交往，他获得了一些关于这两种语言系统的了解。当他在阿米娜面前扮演有经验他人的角色时，他不仅展示出他对于学科的了解，而且显示出他对于作为学习者的阿米娜所存在的困难的理解。明意识到阿米娜试图通过将她学习英文数字的经验普遍化来学习汉字，因为在阿米娜看来，中文和英文很相似。他还能够理解这样一个事实，即他人也有思想、观点和情感，能够尝试并解决问题。有时候这被称为"心理理论"，即将愿望、需求、思想和情感投射到他人身上的认知能力。对我而言，这是一个关于同伴教学的非常好的案例，教学的双方都能够获得益处。

现在，让我们一起来看一个关于交互式教学的案例。它是一种更为公开的和外显的教学，但是它也要求学习者和教师之间角色的互换，在学习过程中个人都承担互换的责任。

六岁的卡斯想了解该如何运算"乘法"。之前她和姐姐在操场玩耍的时候，姐姐告诉她要学习这个知识，所以她去询问老师该怎么做。老师说："我们先用积木来帮帮忙。你先去拿点积木过来。"

卡斯从班级里拿了一些计数用的积木过来。

"好，"老师说道，"如果你有25个积木，要分给5个人，你会怎么做呢？"

卡斯数了25个积木，一次数一个积木，数了"一个给你，一个给你，一个给你，一个给你，一个给你"五遍。

"好，"老师说道，"告诉我你做了些什么。"

"我给了一个人一个积木，又给了另外一个人，另外一个人，另外一个人，直到他们都有积木。"

"很好，"老师说道，"你把它们都分享出去了。每个人得到了几个呢？"

卡斯数了一下，说："五个。"

"所以你现在已经运算出5乘以5等于25。现在我们来试一试27个积木。"

卡斯又重新数了一遍，发现这次她还剩下两个。"我该怎么处理这两个呢？"她问道。

"好问题，"老师回答道，"你已经发现5乘以5并不能够精确地等于27。你还剩下两个积木。"

（个人的观察）

在这个案例中，有经验的他人是教师，但是他也可以是儿童。你可以发现，这个案例中的教师非常严肃地对待了儿童的学习要求，通过不断地给出评论，她帮助儿童将她所学习的内容加以内化。教师为她提供了她需要发展的语言"乘以"或"除以"，并且允许她对于现在所学习的内容进行反思。在这样的交互式教学中，教师帮助儿童发展出元认知技能，即一种对于她所学习的内容进行反思的能力。

提问和理论

我父母以前告诉过我一个我小时候的故事，那时候我们在南非居住，他们经常带我去海边小镇的一个码头上散步。在那里，我看到地上有一大块金属的东西，那是可以用来固定船的东西。我妈妈告诉我："那个时候你围着它走，摸摸它，看看它，闻闻它，最后你宣称'我看了，我闻了，它不是狗'。"在这段叙述中，我非常清楚地解释了我为了弄明白这个熟悉的物品究竟是什么而做出的行为。我使用我的感官——我看了、闻了、摸了这个物品，并且还在它旁边走了走。做完以后，我将它与我头脑中与它相似的物品进行了比较。这让我得出结论：这个不是狗。在两岁时，我就可以运用内在化的概念（关于狗的记忆）和比较这样一些高级心理机能。这是我学习一个*理论*的开始，而这一切发生于我在可以互动的人的陪伴下碰到了一些不熟悉的、有趣的事物。我可以想象，这时候也许你皱起了眉头想，这么小的孩子会有理论？但是，如果你仔细地倾听孩子，分析你所听到的内容，你会发现的确如此。但是，我们需要先界定一下理论，我认为里纳尔迪（Rinaldi，2006）给我们提供了一个有用的定义。她认为，当我们每个人碰到一些新的或陌生的事物时，我们会努力去解释它是什么、它可以做什么，这样我们就有了一种"*解释性的理论*"，即一种赋予世界中的事物和事件以意义的解释。对她而言，当人们发现一种理论能够回答某问题时，那么它就被视为是令人满足的，尽管这个答案也许会随着经验的增多而发生改变。

在本书的许多案例中，你发现儿童经常问问题，无论是他们在游戏或与他人一起工作时，还是听故事、与他们的朋友和家人聊天、用餐时。你发现儿童所做的陈述实际上是实验性的或短暂的理论。在将儿童视为平等的情境中，即儿童被看成是社会交流中的平等合作者时，儿童会认为他们有权利提问，并且获得问题的答案。然而，在一些学校和机构中，教师被视为问问题的人，而儿童被视为回答问题的人。但是，我们可以回到本书前面的一些主题，当儿童在没有言语的帮助下通过动作和感官来探索和理解世界时，观察者发现，他们虽然没有言语，但是他们的行为已经显示出他们在询问："这是什么？它是干什么的？它有什么用？"后来，当他们通过假想游戏开始能够将意义和物品进行分离时，他们会问："我能用这个东西做什么呢？我可以把它变成什么？当我用它的时候，我会变成什么样子呢？"

下面我们将用一个案例来阐述这一点，引自于艾萨克斯的研究（1930）。她记录下了当宠物兔死去时所发生的事情。

14.7.25

晚上兔子死去了。丹发现了它，说道："它死了，它的胃不再一上一下地动了。"保罗说："我爸爸说，如果我们把它放到水里，它就会活过来。"我说道："我们要不要试试看呢？"他们把它放在一盆水里。一些小朋友说："它还活着。"邓肯说："如果它漂浮起来，说明它死了。如果它沉下去了，说明它还活着。"它漂在水面上。其中一个小朋友说："它还活着。因为它还在动。"这是一种圆圈式的移动，是由于水流的缘故。所以，我把一根小木棍放在里面，它也在水里打转，他们同意木棍不是活的。于是，他们建议把兔子埋葬起来，所有人都帮着一起挖洞，把兔子埋起来。

后来，邓肯看到小狗躺在阳光下的草地上，他开玩笑说："噢，小狗死了！"所有的小朋友都跑过去看，这时候小狗站起来，朝向他们跑过来，大家都大笑起来。

15.7.25

弗兰克和邓肯在谈论把兔子挖出来，但是弗兰克说："它不在那里，它已经升到天上去了。"他们开始挖，但是觉得很累就跑开了。后来，他们又重新开始挖。然而，邓肯说："不要再挖了，它已经走了，它升到天上去了。"他放弃了挖洞。所以，我问道："我们要不要看一下它是不是还在那里？"我也开始挖。他们发现了兔子，他们对兔子还在那里很感兴趣。邓肯说："我们要不要砍断它的头呢？"他们又把兔子埋了起来。

（艾萨克斯，1930：82—83）

这个案例很好地展现出儿童的意见和理论。我喜欢他们关于死亡的事物漂浮的理论，还有苏珊·艾萨克斯让他们质疑自身关于死亡的事物不能够移动的理论的方式，她将孩子们认为的没有生命的东西（一根木棍）放在水中，让他们发现虽然木棍没有生命，但是它也可以移动。她希望儿童可以通过使用文化工具和直接经验来探索他们感兴趣的事情。

卡丽娜·里纳尔迪（Carlina Rinaldi）研究了瑞吉欧·艾米莉亚的早期教育，她告诉我们，他们谈论的是*有能力的儿童*，当儿童通过互动和经验构建意义时，儿童会形成一些自己的理论，而他们会细心地*倾听*这些理论。她认为，儿童的早期理论并不是一种儿童的朴素理论或错误理论的证据，而是一种儿童在持续性的质疑、寻找答案以及创造力（用里纳尔迪的话说）的证据。它的确很值得思考。她接下去说，有能力的儿童之所以是有能力的，是因为他被他所在世界的有意义成人视为有能力的。那么，*期待成为教学本身的支架的一个重要部分*。在瑞吉欧·艾米莉亚教育中，他们经常谈论的是"*关系与倾听的教学法*"，这也将我们带回到维果茨基的观点中，维果茨基将所有的学习视为是社会性的、与文化相关的，与他人一起对意义进行的持续探索。这样，一种理论成为解释某事的可能的和令人满意的解释，尽管这种理论是暂时性的。

里纳尔迪（2000：114）引用了两个幼儿发展出来的有趣的理论案例。第一个理论很简单。一个孩子说："天气是从暴风雨那里产生的。"里纳尔迪分析，这个孩子做了一个连接，然后把它陈述出来，只想被人倾听，而没有修正过这个理论。这个孩子正在进行概念化，并且很想要分享。

第二个理论更复杂："但是，当某人去世的时候，他们是不是去到死亡的胃中，然后再重生呢？"这个理论是以问句形式出现的，所以它需要一个回答。这个孩子将她经验当中的许多元素结合起来，当然，还包括了她的焦虑。

给予反馈

你也许会对此感到惊讶,给予反馈也是教学和学习的工具之一。也许你会习惯在评价类的书籍中看到这个概念。但是,由于所有的学习都是社会的,我们不仅需要考察儿童对我们所说的,还应当考察我们对儿童所说的。我们需要想一想,我们所做的评价怎样才能够成为一种支架。如你所知,我们能够记忆事物及图像,吸收我们的经验、交往、语言和其他符号工具。我们能够反思这些东西,从而创造新的认知。所以说,在意识到我们已经获得的认知、我们可以做的事情以及我们所实现的事情的基础上,我们才能构建起新的认知。反馈就是这样一个帮助我们构建新的认知的工具,它主要源自于一些对我们所做的事情有所了解的人。下面有一些案例。

第一个例子中儿童需要剪一些图片,并在将这些图片整理成"正确的"顺序之后,复述一个曾经在班级里已经讲过的故事。罗蒙(儿童的名字)剪了图片,并将它们整理好,用他整理的顺序讲述了一个故事。老师在集体活动时间做出了这样的评论:"对于罗蒙所做的事情我感到十分高兴。在剪图片之前,他花了很长的时间去看图片,接下来,他把这些图片整理好并放在一张纸上,用他组织图片的顺序给我们讲了一个好听的故事。这个故事跟我所讲的故事并不一样,但是它也是一个非常好的故事。"对于罗蒙的这个反馈可以说是积极的、有教育性的。这个反馈让他意识到自己做得好的地方,也让他意识到自己其实并没有按照要求来做,但是这也无关紧要。

有目的的反馈,即有共同兴趣和目的的反馈,将促使儿童对于他们所完成的事情有所反馈。对学习的反馈包括对于最初的要求和最终的成果的认识。下面将提供一些案例,在案例中儿童对于他们能做的事情做出了反馈,有时以对话的方式,有时以维果茨基所说的"内在言语"或独白的方式,从而帮助我们了解儿童自身的认知。下面的片段是由斯米特(Smidt, 2005)摘录的。

> 1. 乔希在一个斜坡上玩车,他大声对自己说:"它们下来了。哎哟!那一辆真快。又快了,它又快起来了。我要试那一辆。"
>
> (拿起一辆更大的车)。
>
> "更快了!我要两辆车一起。"
>
> 他对于自己行为的成就做出了评价,从而得出了一个结论,这样他就可以计划好下一次他要做的事情。(将两辆车都放在斜坡的顶端。)
>
> "黄色的那辆车赢了。这是因为它太快了。"
>
> 乔希在告诉他自己他所做的事情和他在做的事情中所学习到的东西。
>
> (斯米特,2005:54)

在这个案例中,你可以发现乔希是怎样评价自己的行为和成就的。

> 2. 一名幼儿园老师发现一个孩子用许多不同的材料做出了一个非常复杂的模型。她坐到孩子的旁边开始了一场对话。
>
> "我喜欢你的模型。你用了那么多不同的材料,鸡蛋盒、厕所卷纸架、盖子和闪亮的东西。看,还有一些按钮。"
>
> 孩子发现成人对他的模型真的很感兴趣,而并非那种想加

入进来而随便问的问题,就说道:"你知道的,它花了我很长时间。"

成人回应说:

"是的。我发现你一个上午都在做这个。我在想,是不是因为有些材料非常难黏在一起呢?"

孩子回答道:

"我用了这种很强力的胶水,还有一些透明胶带,约书亚(另一个孩子)给了我这些……这些……橡皮筋,我用了它们。"

成人继续说道:

"嗯,你做了一个很好的模型,有些部分还可以动呢!你准备带回家吗?"

(斯米特,2005:55)

在这个案例中,你可以发现成人对于儿童所做的事情十分感兴趣。

回顾与展望

在这章中,我们探讨了儿童工作者如何帮助儿童从在他人的帮助下做一些事情发展到不用他人帮助也能够做这些事情。敏锐的实践者促进了儿童进行独立思考和行动,并能够为达到这个目的而进行适当的干预。为了缩短儿童未经帮助获得的能力与儿童在帮助下能够实现的能力(即最近发展区)之间的差距,我们不仅考察了成人的角色,还包括"有经验的他人"的角色,有时候可能是儿童。让我们来概括一下:

● 我们看到了他人是如何支持儿童学习的,即帮助儿童从需要他人帮助发展到不需要他人的帮助也能够做某些事情。

● 我们探讨过学习者和教师长时间地共同投入并参与到思考某事当中的重要性。教育者需要观察、了解儿童感兴趣的事情,不能为了"教授"什么内容而阻碍儿童的探索。

- 我们考量过儿童是如何在日常和真实的生活活动中成为有经验他人的学徒的。通过这种引导式参与,儿童成为认知的学徒。
- 我们思考过儿童需要对他们所做的事情非常投入,这样他们就会很关注这些事情,并希望了解得更多来解决问题或表达自己的观点和思想。
- 我们看到了当儿童在教另一位儿童某事时,他们双方都能够获益。
- 我们考量过为学习者提供一些问问题的活动,并允许他们产生自己的理论的重要性。
- 我们看到了教师和其他教育者针对儿童所完成的事情而做出的评价可以帮助儿童反思他们所完成的事情,并意识到他们所学习到的内容。这就是元认知的开端。

我们作为教育者可以从中获得一些好的想法,从而帮助我们为儿童提供最好的学习机会、最有益的交往活动和情境以及最有意义的保育和教育。这也是我们下一章的主要内容。

术语表

词语或短语	含义	意义
思维的学徒	芭芭拉·罗戈夫所提出的观点,她认为儿童有成人或有经验的他人在旁边时,他们可以成为社群中的他人思维的学徒	与支架的概念相似,但是它根植于学习者的实际和日常生活中
有能力的儿童	瑞吉欧·艾米莉亚教育哲学的基础,与维果茨基一样,它不仅强调儿童能够做到,还强调儿童可能会做的	你觉得这个理论怎么样?我想它也是你的哲学
成双的	一对,两个人	

（续表）

词语或短语	含义	意义
促进教师和学习者之间的协商	保证教师（或有经验的他人）与学习者之间有对话和支持	支架的另一个特征
期待	你对于儿童能够做的和在帮助下能够做的事情的认识	与将儿童视为有能力的个体紧密相关
反馈	对学习者所提供的反馈，集中于儿童正在做的事情，帮助儿童意识到自己所知道的、所能够做的，以及在他们所完成的事情的基础上还可以再学习的内容	一项重要的教学工具，但通常没有得到敏感的、有效的提供
主体间性	人们通过交往所创造的意义共享，以理解他们自身的生活	在所有交往中都很重要的一个元素。当一个教师或成人在与儿童交往时，他并不真正了解儿童所做的事情，那么，这种交往就缺乏主体间性，学习也不可能发生
内在心理的	学习者内心所发生的	
大开本图书	一种可供放置在架子上展示的、文本足够大的图书，模仿了那种放在膝盖上供儿童阅读的图书	一种教学资源
元认知技能	指的是对于知识本身的认知。用日常的话来说，即认识你所知道的东西	高阶概念
关系和倾听的教学法	瑞吉欧·艾米莉亚的教育者用来形容他们的教学哲学的方式	你也许想尝试一下！
反思	思考某事	高阶概念
支架中的有序支持	为学习者细心地提供有规则步骤的支持，以使学习者从依赖过渡到独立	支架的一个特征
分享阅读	一种教学策略，即一大群孩子与一位老师一起阅读一本大开本的图书	一种教学策略

（续表）

词语或短语	含义	意义
持续性的分享思维	在这里，教师或教育者与儿童关注的是同一件事情，他们所探索的活动是儿童所感兴趣的。这意味着儿童可以深入地参与其中。这样，通过与有经验的他人的协商，儿童构建了新的意义与理解	这是早期教育的新趋势，但是它深深地根源于维果茨基的思想中
理论	一种观点，它看上去能够成为人所遇到的某问题的答案	高阶概念
文化的传递	指一种文化中的价值、习惯与观点在世代之间传递的方式	相对于知识的获取而言，维果茨基对于传递更感兴趣

CHAPTER NINE
What we have learned
A summary

第九章
总结:我们所学到的内容

本章将会把本书中的所有线索串联起来,构成我们所称的有效教学法的基本原则,并用至少两个案例来对这些原则进行解释。其中一个案例涉及的是年幼的儿童,而另一个案例涉及的是大年龄儿童,由此我们可以看到维果茨基思想作为教学基础的普遍性。我们并没有对最后一个原则进行详细阐述,因为这是本章的主题,其实也是整本书的主题。

教学的推荐原则

1. 所有学习都是社会的:学习中他人的角色是不容忽视的。

在这里,社会的并不仅仅指他人的出现。它指的是学习者的已有经验以及对社会和文化所构建的工具的使用。

他人可以是教师、其他成人、其他有经验的他人，也可以是同伴或年长的儿童。这个原则提醒教育者需计划和利用儿童与儿童之间以及儿童与成人之间的交往机会。

2. 对于文化价值和文化工具的认识与尊重是学习成功的关键。

这意味着，所有参与学习或教学工作的人需要花时间和精力去了解学习者所拥有的经历和文化工具，并保证他们在任何可能的情况下都能够使用这些工具。

3. 在教室或机构中构建一种文化对于教师发展自身的教学原则来说非常重要。

这将帮助教师与学习者一同形成一种重视持续的共同关注、相互尊重和使用共享的文化工具的理念，并根植在一种能够质疑、寻找答案、制作物品并勇于尝试的环境中。你在尝试着构建一种学习者和学习的文化。

4. 语言在计划和组织学习环境的过程中是最主要的、但并不是唯一的文化工具。

教育者需计划好口语、书面语、其他符号系统或"语言"的使用。这种做法将帮助儿童使用承载了许多概念（包括日常和科学概念）的第一语言，也将为儿童提供使用除言语之外的其他方式来探索和表征事物的机会。所有的可交流的系统都是有规则束缚的，而对于规则的创造和运用是儿童发展高阶概念的重要因素。

5. 学习是通过经验而产生的。

教育者必须为儿童提供可理解的、有意义的活动。对于幼儿来说，活动需要提供的是第一手的直接经验，以帮助儿童日常概念的发展，而所有儿童都需要有创造和使用符号的机会，这样能够帮助他们提升抽象思维的能力。在维果茨基的一些著作中，他使用了活动理论一词来指代通过经验来进行学习。

6. 学习的方式或模式有许多种，每一种都非常值得考量。

对幼儿来说，由于游戏可以让儿童跟随自己的兴趣，并创造自己的规则，它也许是学习的最主要方式，但是也还有其他一些方式。我们需要为儿童找寻可以激励他们的事情，给儿童提供认知的挑战，让儿童可以深入地参与到他正在开展的活动中，并以儿童已有的知识为基础。听故事、创作音乐、通过艺术或戏剧来表达想法都是帮助儿童学习、提升、分享、协商和质疑的有效方式。

7. 有关教学法或教学的方式或模式非常多，而其中有很多方式都与维果茨基的观点，尤其是与维果茨基的最近发展区的观点有密切关系。

儿童在没有帮助时能够做的事情与儿童在帮助下能够做的事情之间的差距即最近发展区。我们会用一些不同的方式来描述儿童在得到帮助或在学习中获得进步而缩小差距时的场景。当一位有经验的他人帮助新手从依赖发展至独立时，我们将其称为支架。但是，还有一些其他的教学方式，如倾听、意义创造与分享、观察、给予反馈、提供示范、提问、提供资源等。这些方式可以被视为计划和回顾。我们在这里并不会探讨一些说教式的教学方式，因为它们大都是由成人控制的，而非对话式的、互动式的和交互式的，因而也不是社会性的。它们并不符合我们现在所考察的这个范式。

原则在实践中的运用

在这一部分，我们将从实践和文章中摘取一些例子来阐释这些原则在实践中的运用。当你阅读它们的时候，你会发现它们之间会有重叠，也会发现它们所展示出来的教学和学习风格是你所熟悉的。你可能不熟悉的是在描述和分析时所用到的语言。

1. 所有学习都是社会的：学习中他人的角色是不容忽视的。

个案1.1

研究者布朗和帕林萨（Brown and Palincsar，1988）开发了一种交互式教学系统，这种系统运用在阅读教学中，是社会性的、合作式的。它并不旨在教儿童阅读，而是教儿童理解复杂的文本。这种教学是小组式的，每组大约有2至7个学习者，其中一个学习者担任着"教师"的角色。这种方法并不太适合幼儿。下面的例子中将展示这种教学方式。小组先默读一段文章，然后担任"教师"的那个学习者将问一个问题。接下来是讨论，到达一定阶段时教师对他们的讨论进行总结，然后小组将进行下一个过程。这时会由小组中的其他成员来担任教师。交互式的角色包含以下四个过程：

1. 小组中的教师或其他成员对一段文本进行总结，包括确定文本的中心主题、解释那些需要简化的片段；
2. 小组中的成员提出问题；
3. 任何一个小组中的成员做出回应，以澄清观点或概念；
4. 所有成员通过阅读文本来帮助他们预测和猜想接下来要发生的事情。

在这里要特别感谢布朗和帕林萨，他们摘录下了一段有关地质学文本的讨论。

在地壳的下面有一个很大的地层，被称为地幔。这一层要重得多。地壳下面的这一层地幔是一个奇怪的地方。那里的压力非常大,温度也非常高。

道格:这里讨论的是地球的第二层,就是在第一层下面的那一层……

萨拉:地壳下面的那一层。

道格:是的,地壳。它告诉了我们第二层是什么样子的,例如它有多重、温度是多少。我的预测是接下来它会告诉我们下一层是什么样子的,因为这幅图片[其实并未显示]显示出了下一层,我猜想那一层会冷一些,因为当我们挖土的时候,土会变得更冷。

克里斯:我不同意,因为越往下走,就变得越热。

斯蒂芬妮:也会更重。

克里斯:很快,我们会看到那层粘稠的东西,那里真的很热。

山姆:那是火山岩浆。

教师:嗯,我们继续阅读,看看谁猜对了。下一层会是什么样子呢?这次谁是老师?

(布朗和帕林萨,1988:57;引自丹尼尔斯,2001:110—111)

这是一个有趣的案例,一开始,小组中的道格对他们所阅读的文本进行了总结。萨拉为他提供了一个正确的术语。道格得出一个理论,但是克里斯马上挑战了他的理论。在丹尼尔斯的分析中,他认为儿童可以通过使用归纳、提问、澄清和预测的原则来支持彼此的思考。帕林萨和布朗认为通过这种教学方式所发展出来的思维技能使学习者成为优秀的支架提供者。这种方法与保罗·弗莱雷(Paolo Freire)所提出的对话式教学很相似。作为一名成人教育工作者,弗莱雷终身都致力于发展成人的读写,他认为教学必须是互动式的、涉及真实的问题并且包含意义的构建。

个案1.2

派特·古拉（Pat Gura）参与了福禄培尔积木游戏项目，她将她的研究写在了《探索学习：幼儿和积木游戏》（1992）一书中。在这本书里，她为我们提供了参与木制积木游戏中的儿童思维的丰富案例。在第一个案例中，两名儿童对于其中一名儿童所做的建造物进行反思。五岁半的艾丽做了一个三维的房屋，她打算在邻近的三面墙上做一个整体的窗户。

要想使三面墙都保持一样的高度，这对艾丽来说很有难度。她一度做出了一个有两面墙和窗户保持一致高度的房子，但是第三面墙上的积木有一些高。斯蒂芬妮指出了这个问题："喂！艾丽……矮，矮，高。"艾丽处理这个新情境的方式……被局限住了。她开始拆卸下高墙旁边的那面矮墙。当成人问她有什么想法时，艾丽回答说她只能把它折了，这次要再建一个高的。当她拆掉了一面矮墙后，她还剩下两面墙，一面墙比另一面高，这时候她不知道它们之间的关系了。"我该怎么办呢？"她大声地问道，并没有等待别人的回答，她宣布："我知道了！我要把它们都拆了，没有人可以用这些积木，因为我要重新建一个房子。"于是，她把剩下的两面墙都拆了，重新开始建房子。

（古拉，1992：83）

研究者为儿童所提供的材料是开放性的、有吸引力的，孩子们可以用他们自己所选择的方式来玩这些材料。这些游戏都是结构性的，包含有建构和解构。当建构完成时，想象游戏就得以产生。游戏中会有许多问题产生，如一些需要儿童回答的建议性的问题和儿童需要解决的难题。上面的案例展示出了一名儿童与另一名儿童还有成人的交往。正是由于另外的儿童的评价，艾丽停下来评价自己的工作。她发现了问题所在，但是她的解决方式是拆掉所有的东西，重新再建一次。也许，这个案例会使你想起我们之前看过的雅克的案例，他在摆餐具时一次摆一个餐盘，直到他内化了"三"的概念为止。

下面的案例也是来自于古拉，在这个案例中，艾丽尝试着处理她在建构中出现的又一个问题。这次艾丽得到了比她更年长一点的艾德蒙的支持。

> 她发现她在做的一个 2×1 的长方形围墙的一面总是朝它的对角倾斜，她抱怨说："我不能让这条线变直。它老是歪。"艾德蒙思考了一会后做出评价说："它是直的……它这里需要是直的。"他举起右手，穿过他的身体摆向左边，模仿出对角线的样子。"那边需要是直着下来的，就像这边一样。"他用两个手臂模仿了一根"平行线"。
>
> （古拉，1992：82）

这是一个*同伴教学*的案例。艾德蒙在这次交流中是有经验的他人，他承担了"教师"的角色，努力用他力所能及的最好方式来展示他在几何学方面的经验和知识。很显然，他的话语和动作很好地抓住了问题的关键。他所缺乏的是专业的几何术语。他并不知道"对角线"或"平行线"这些词。但是他却很好地传递出了他的意思，为艾丽的问题提供了解释。

2. 对于文化价值和文化工具的认识与尊重是学习成功的关键。

这条原则指的是教育者需要尽可能多地了解你所在团体或机构中的儿童的文化和语言，并运用这些知识来指导实践。这样的话，任何一个走进你教室的人，都能够立刻发现你教室里的儿童属于不同的群体或社区，他们有着不同的价值、思想和实践。你所提供的活动、选择的主题、使用的材料，以及你和社区中的家长、照料者之间的关系也都可以体现出这一点。也许，这里的关键词是尊重。

个案2.1

卡梅尔是一个受过训练的能使用双语的幼儿园教师。她能说西班牙语（第一语言）和英语，并能进行阅读与写作。她在曼彻斯特居住了许多年，但是她从来不会忘记当她与父母刚开始来到这里时的那种艰辛。她希望她所教的孩子不会遇到像她那么多的关于语言和文化的错误想法，所以她不辞辛苦地精心准备着活动，让多样性成为一件值得关注的事情。下面是她最近与我的一次讨论。

> 我们团队有三个人。我是说双语的，阿米娜也是，她是幼儿园保育员。她说的是古吉拉特语和英语。我们团队中的另外一个人是助教，叫宝琳娜，她嫁给了一个穆斯林，但不说双语。我们的幼儿园在城区，孩子们来自不同的背景、家庭、文化和族群。我常常说，我们是一个"世界班级"！我们努力去了解所有儿童在家庭中所说的语言，并尽可能多地去了解儿童在幼儿园之前的生活。他们去过托儿所吗？他们去清真寺吗？他们喜欢书和故事吗？他们害怕狗和黑暗吗？我们也尽量去了解家长，常常是叫上社区的人帮助我们翻译，

以保证我们能够交流。

但是，让我来告诉你我们教室的样子。我们在一所学校里，我们只有一间房子和一个通往操场的走道。所以，我们精心地安排着各种能够吸引孩子、并能够挑战他们的活动，使他们的活动都建立在已有经验的基础上，并为他们提供许多与他人一起游戏的机会。那里常常有沙子、水和其他一些材料，这些东西一直在那里供他们探索，我们并不会每天改变沙子和水中的材料。原因在于，我们希望儿童能够深入地参与其中，材料一直在那里，直到游戏被固定下来，然后我们会再投放一些有些许差别的材料进去。这样，那里就会有一些看上去不同的材料，从而孩子们的心里会产生一些问题。这是我们的主要目的之一。例如，我们决定在沙里已经有一块铲子的情况下，我们再放进去一块茶匙。材料的尺寸和功能上的变化也许会引起思维和游戏的变化。这个变化是很小的，它能够使儿童的认识建立在他已有的关于铲子的认知基础上。

我们经常会提供一大块娃娃家的区域，如果我们发现儿童对数数和匹配感兴趣时，我们会提供一套完整的材料（玩偶、衣物、小床、椅子、盘子、刀和叉）。我们并没有很多供装扮的衣服，这是一个有意的选择，我们不希望将男孩、女孩的装扮或服装风格模式化。取而代之的是，我们有各种长度的布，儿童可以用它们做出各种令人惊讶的物品。

我们给儿童提供了很多很多的书籍，包括图画书、翻翻书、巨型书、故事书、我们制作的书、用其他语言写的书，还有讲故事的小道具。儿童可以安全地、用他们自己关心的方式对故事和歌曲的意义进行创编或再创编，这是很重要的。这些活动在室内和室外都可以开展。我们还有其他区域，现在我还将告诉你一个。我们关注了孩子所感兴趣的东西，然后我们开辟了一个能满足他们需求的特殊区域。我们有过一个健身房（很多妈妈都去健身房）、一所医院、一间花房、一个奇怪的星球、霍格华兹，还有很多其他的。在这里，我们会介绍一些特殊的文化工具。它们可能是图像工具、物理工具或其他工具。例如，在我们的奇怪星球里，我们设置了一些类似塔罗纸牌的卡片，因为孩子们在讨论一个叫作游戏王的电视节目，那里的卡片是有魔法的。[这是一个实践者使用流行文化的案例，她将儿童引入到大家共同构建的班级文化当中。你等会在这节中还将看到这方面的内容。]

我们对于成人应当在哪里、他们应当做什么做出了细致的规划。我们思考了有关成人应该观察和倾听的事情。对我们来说，观察和倾听的技巧是十分关键的。

这只是我们讨论中的一个小片段。后来我访问了那个班级，我对于那里所体现出的社区般的感受印象深刻。那里的一个孩子维利安娜带着我到处参观，她告诉了我他们所做的所有事情、她喜欢的事情和她所擅长的事情。她成了"主人"，非常自信，善于交流。她将我介绍给其他的孩子，并告诉他们我是来学习"他们的班级"的。在这个地方，儿童的文化经验和语言显然受到了重视和尊重。

个案2.2

这是在伦敦的一所中学里所发生的最近的案例，七年级的学生决定开展一个关于莫扎特的歌剧《魔笛》的项目。他们决定开展这个项目的原因是很有趣的，与莫扎特或"高级"的文化并没有太大关系。这所学校里的打击乐器团体很兴盛，管乐队也生机勃勃，但是以现场音乐为形式的组织很少。当一位家长来学校访问时，他告诉老师说将有一场由南非团体演奏的歌剧，里面还有一个管弦乐队，乐队里有演奏的木琴、打击乐器、玻璃瓶和小号，老师决定带孩子们去看一下。那场名为Impempe Yomlingo的演出将文化成功地融合起来：它是一部将背景移植到非洲的欧洲歌剧，采用了非洲的乐器和声音。尽管英语占了百分之七十，但是这里面的科萨语让一些学生们感到很熟悉，里面有特色的滴答声也让其他学生感到既陌生又新奇。不仅如此，故事被放置在以神奇生物和仪式为文化的背景当中，瞬间让学生们理解了这个故事。七年级的学生中有许多来自于非洲，少部分来自于南非，但是这些跳动的音乐和戏剧的图像打动了所有的孩子。下面是一段他们在回校以后进行的讨论。

约翰：我爸爸那里有它的CD，但是我不想听。它很无聊，但是在这里，音乐实在……是，嗯，太酷了。

贝基：我喜欢现场音乐。之前我们去看过一次，但是这次简直太好了，因为它……它实在是，为我们专门而做的。

教师：是什么让它成为为你们而做的呢？

亨利：嗯，我们可以想象自己在弹奏那些像钢琴一样的乐器。

教师：木琴。

亨利：是的，木琴。他们是怎么用这些乐器奏出那么多音符呢？还有那些玻璃瓶和鼓。他们做了一些试验来显示他们是很棒的人，我真的很喜欢那些。在火上走，还有类似的事情。

阿比奥拉：这些都很好。还有一些内容也很有趣，像是那些女孩子，还有她们的泰迪熊。

南迪：夜之女王怎么样？她真的好邪恶啊！

贝基：我喜欢里面的两个故事，Pamina 和 Pamino 还有 Pappagena 和 Pappageno。

泰丝：我想写一个这样的故事，现在开始。

玛莎：我们可以的。我们可以一起做。

约翰：里面的一些音乐让我觉得好开心……我也不知道，酷毙了！但是有一些音乐很严肃、深沉，还有些伤心。

教师：下次你会去看一场真正的歌剧吗？你怎么想的？

约翰：也许会去，如果有人带我去的话。但是我想它的时间太长了，我可能会觉得无聊。我想在这里做我们自己的歌剧。我们可以制作自己的乐器，泰丝和玛莎可以写故事。

这个案例中的老师为儿童提供了一些愉悦的，但也具有挑战性的事情，儿童可以运用自身的文化工具来与另外的文化进行交流。在他们回校的这段对话中，我们可以看到儿童将他们在剧院里所看到的内容与他们自身的兴趣和关注点结合起来，当对话结束时，他们做出了一个创作并制作自己的歌剧的实验性计划。我们并不知道它后来开展的过程，但是在那些有热情和主动性的老师的推动下，这个项目应当会继续进行。

个案2.3

有许多很好的案例都来自于一些在考察"流行文化"的研究者，在他们那里，流行文化指的是当今的文化。其中有一位研究者的研究很突出，她叫作安妮·哈斯·戴森（Anne Haas Dyson，1997），她关注的是儿童如何使用流行文化的工具（如电视、视频、DVD、电脑、游戏机、漫画、超级英雄等）来理解世界，并与周围的同伴进行协商以达成共识。她与一位新晋教师克里斯汀一起带一个二年级班级。这项研究是在美国开展的。戴森发现，克里斯汀意识到了在儿童生活中超级英雄的重要性，她鼓励孩子们将这项"文化资本"带入到他们的写作中去。她还设置了一个作家剧院，在那里有一些公开的论坛，儿童作家可以展示他们的作品，并请同伴把作品表演出来。这个举动鼓励孩子将他们课后所玩的游戏带到了教室当中。戴森跟随克里斯汀升到了三年级，她在巴赫金研究的基础上对自己的所见、所听进行了分析。她认为，学会使用语言（一种文化工具）包括学习与他人互动，通过这种学习，儿童将熟悉那些拥有不同经验的同伴们所使用的词语和概念。在这个班级中，写作本身成了游戏。作为故事的创作者，儿童通过创造许多人物和情境来探寻想象的世界，就如同他们在假想游戏中所做的那样。戴森的书是很吸引人的，值得一读。

3. 在教室或机构中构建一种文化对于教师发展自身的教学原则来说非常重要。

前面我们已经提到过，儿童能够同时在不同的"世界"里生活。格雷戈里使用了"*融合的*"这一术语来描述他们所说的*文化的创造性转换*。意思是说，人们（包括儿童）通过吸收原有的和新的资源来重新创造文化。这种融合的方式包括有以下三点：

（1）所有儿童都是不同文化和语言群体的成员，他们通过一种非线性的、动态的、流动的、不断转变的方式，来积极地寻求归属于这些群体。

（2）儿童并非停留在由他们的文化群体所界定的某一个世界里，而是游走在不同的世界中。用肯纳和克雷斯（Kenner and Kress，2003）的话来说，他们生活在"*同时的多个世界*"中。所以，作为家庭的文化群体中的一员的儿童，他也可以积极地创造他所在机构或班级的文化群体。

（3）当儿童成为不同群体中的成员时，他们会融合、转换或改变语言和叙述风格、角色关系以及每个群体的学习风格，进而转换他们所使用的文化和语言以创造新的形式。这些都发现在交往以及与其他儿童或成人的中介当中。

个案3.1

现今著名的瑞吉欧·艾米莉亚幼儿园花了很多时间和精力来创造他们自身的文化。其中最显著的一个特征是每一个幼儿园都有室内广场，它是一块公开的空间，模仿的是意大利小镇和城市中都有的广场或市场。在这里，人们可以见面聊天、观察他人、阅读报纸、喝咖啡、游戏、奔跑、思考、做梦。在整个地区里应当没有一个与它直接相对应的地方。在所有的幼儿园里，这就是一个父母、教师和儿童可以在早上和下午聚集在一起的地方，一个儿童在任何时候都可以去的地方。我们很容易理解这对于在一种文化中建构文化的重要性。除此之外，这些早期教育机构的一些思想是惊人的相似，如将儿童视为有能力的存在、"真理"的探寻者以及新思想和思考的创造者。这些机构在成人的相互交往以及成人与儿童交往的方式上也是很相似的。所有的成人被称为"教师"，在儿童学习中他们都起着一定的作用。当然每个幼儿园也有所不同。在其中一所幼儿园里，有一个中心工作室或者叫艺术工作坊，里面有大量的儿童感兴趣的搜集来的物品，大都是手工制作的。在工作室里有一位常驻艺术家，他整天都在那里，孩子们可以随时去访问他，与他交流，或在他旁边工作、装饰、做模型或绘画。所以，儿童有机会使用特殊的文化工具，从而成为文化学习的门徒。我有幸参观了这所幼儿园，当我看到孩子们的艺术作品有着极高的质量时，我一点也不惊讶。他们的作品包括：对物品的非常小而细致的绘画、发光的绘画、集体的抽象拼贴画、黏土制作的模型和电枢，其中电枢是用木头和电线精心制作出来的，用来保证黏土模型在建构的时候不会坍塌。

个案3.2

第二个案例是关于创造一种提问、产生与共享意义和思考的班级文化。在一个7至9岁儿童的班级里，他们将戏剧作为工具，以发展一种被格兰杰（Grainger，2003）称为置中作用（metaxis）的高阶机能，它可以帮助学习者同时思考现实与可能、真实与想象。你可以发现它与假想游戏之间的关系吗？

儿童进入到他们的戏剧时间，他们熟知的一位老师以一个警察的角色出现，他向孩子们打听有关班级中的一位虚拟成员露西的信息，这个角色之前并没有出现过。老师有技巧地将孩子们引入到戏剧情节当中，从他们那里搜集到了有关露西的信息，并发现了一张纸条上写着："我对露西已经忍无可忍了，忍无可忍！"这些都显示出，可能的情节、关系和所有的儿童都参与进去了。但是有个小组始终保持怀疑，久久不能消除。所以，当戏剧老师离开的时候，小组中的一个成员开始紧张地向助教问起有关露西的安全和"警察"的正义问题。为了处理这个问题，老师们开始与孩子们讨论有关戏剧的和想象的世界，并向孩子们解释一种在头脑中同时持有不同观点的可能性。后来，孩子们开始建议说要有一个"露西的老师"的出现，这样就可以解释那张神秘的、生气的纸条。他们将这个角色取名为琳达，她作为一个诽谤者的角色出现。但是，在自己的老师面前讨论这个角色让他们觉得很困难、也很难堪，其中一个孩子杰克这样说道："这个看上去并不对，我知道琳达不是阿诺德小姐，但是它还是很困难，你知道的。"如果你想对这个案例有所了解，或者想了解角色戏剧在形成一种儿童可自由地探索他们所渴望或惧怕的可能性的文化中的作用，你可以去阅读完整的章节，它摘录自伯尔尼等人（Bearne et al.,2003）所写的书籍。

教育者的角色是在教室或机构里形成一种文化，这点是非常重要的，因为一种归属感的获得对于孩子建立自信心，帮助孩子理解分享、协商、共同提问和找寻答案的意义都是很有帮助的。

4. 语言在计划和组织学习环境的过程中是最主要的，但并不是唯一的文化工具。

我们之前花了一些时间考察语言，以及它作为一种文化工具在帮助儿童使用符号系统中的作用。如果一个机构和班级里有一些充满着语言的活动，儿童在其中能够谈论、倾听和提问，并有机会使用第一语言（在适用的时候），那么，它将是一个不错的实践。在讨论案例1之前，我们首先可以来看一种学习方法，它体现在艾莉诺·哥德斯密尔德和索尼娅·杰克逊（Elinor Goldschmied and Sonia Jackson）的研究《三岁以下的儿童：日托中心的幼儿》（1994）当中。他们创造了一个概念叫作*启发式游戏*，即幼儿在小组当中有固定的时间探索诸多材料，而并无任何成人的干涉。他们在书中讨论了很多关于为儿童提供的各种材料（大都是自然的或者无塑性的材料），而很少提到成人的角色，因为在他们看来，成人的作用在于为孩子找寻和提供材料，并观察所发生的事情。成人被教导说，他们不能够表扬、评价或建议，他们需要遵守沉默的规则，唯有在游戏受到干扰时才有例外。这个方法流行了一段时间，现在也许你还会碰到这样的方法，它采用了另外的名字，叫"宝贝篮子"，指代那些为儿童所提供的一系列收集品。儿童可以从探索有趣的材料中学习，这是毫无疑问的，但是我们也应该考虑一下成人在提升学习中的角色。所以，相比之下，让我们看一下一个有着丰富语言的环境。

个案4.1

第一个个案来自于奈杰尔·霍尔（Nigel Hall，1999）的研究，这个个案发生在一个幼儿学校的小班，教室里设置了一个车库，它的目的在于促进儿童使用语言，包括口语和书面语。为了将游戏放置在情境中，并赋予它一定的历史（回到"社会历史"理论），儿童参观了本地的一个车库。在他们所看见的和所做的"笔记"的基础上，儿童在回校后就开始在教室里"建立"起自己的车库。这些孩子才五岁或者五岁不到，所以他们的笔记都是由进入他们头脑中的想法所组成的。他们创造了各种各样的信号、提示和指示，用的都是他们自己的独特书写方式，包括数字符号、图片和新创造的符号。然后，教师为他们提供了一个想法，如果孩子们想要在车库里游戏的话，他们需要在里面申请一份工作。于是，孩子们就申请工作的问题开始了长时间的讨论，最后他们得出结论说，他们需要广告。当他们开始做计划时，他们发现自己需要弄明白想要申请的职位。如果思考一下，你会看到儿童在这个过程中为了弄明白他们所遇到的那些科学概念，他们一定会持续地回到原来的日常概念。经过多次的课堂讨论后，他们设计出了申请表，并把表放在车库里，儿童可以自己去完成表格，或者在成人的帮助下完成表格。这是一个小小的项目，但是在项目中，这些初学写作的孩子们却接触到了多种类型的写作形式，如信号、提示、指示和表格等。正因为这些符号都处在游戏的社会情境中，儿童很愿意尝试，而不会为此焦虑。它是不可能失败的。

个案 4.2

下面这个案例很有趣，但也很复杂，它展现出同伴教学和交往是帮助双语儿童在学习中理解和使用英语（它是在这个国家实现学术成功的基本文化工具）的有用工具。这项研究是由陈远光和伊芙·格雷戈里（Yuangguang Chen and Eve Gregory，2004）开展的，描述了两位由香港到伦敦的儿童的经历。两个女孩分别是 8 岁的温顿和 10 岁的卡普。在他们上的第一所学校里，有一些广东籍的孩子，但是他们都出生于伦敦，在伦敦长大。其中有一个女孩叫媛，她成了温顿的好朋友。一开始，温顿被送到了一个为期一年的班级中学习语言，因为考虑到她需要"在基本的语言技巧上的附加帮助"，但是，几个月后，她完全地融入到了班级当中。当我们追溯媛在帮助温顿学习时所采用的支架方法时，我们发现十分有趣。这些方法包括：她对她们的母语的翻译和运用；重复；分别用两种语言来分享问题的解决。我们将对最后一个方法进行细致阐述，下面我们从温顿的语言课上所进行的参与式观察笔记中摘录一部分内容。

今天的教学目标是让孩子们理解并练习一些连接词，如"之前""之后""自从"。这个任务包括两个部分：第一部分，教师给儿童提供了一张写着许多短句的列表，儿童需要将连接词与列表中的短句匹配起来，组成一些复杂的句子（包括一个主句和一个从句）。第二部分，儿童需要用指定的连接词来造一些句子。第一部分任务很容易，在媛的一点点帮助下，温顿就了解了规则，完成了列表中的词语匹配工作，尽管她可能都不太清楚句子的意思是什么。接下来，温顿开始了第二部分的任务。在努力了几分钟后，温顿决定先用中文组织意思，再请媛帮助她在英文中找到对应的表达。媛对于这个建议很是高兴，因为她还不知道自己要写些什么。温顿向媛展示她所写的中文，并大声念出来，因为媛同大多数在英国出生的华人一样，虽然在说上很流畅，但是知道的词汇很有限。在温顿的帮助下，媛很快发现了与中文表达相对应的英文，并被建议在词语和句法结构上做一些修改。当第二部分任务结束时，她们完成了非常好的句子。

(陈和格雷戈里，2004)

在这个班级里，儿童的同伴交往是受到支持的。为了有效地学习第二语言，使用第一语言也是必要的。如你所知，维果茨基认为在有效的学习中，对于问题或关注点的社会性分享是基本的要素，在这个案例中，我们就可以看到两个小女孩能够通过两种文化工具（两种不同的语言）来交流思想。格雷戈里和陈远光告诉我们，这种支持的类型既不能被称为支架，也并非引领式参与，因为交流双方是平等的，彼此都从交往中学习。但是他们也赞同，这种交往成功的关键在于信任、尊重和交互性。这是我们值得记住的一点。

5. 学习是通过经验或活动而产生的。

你们之前肯定都思考过如何为儿童提供适合他们年龄、兴趣和文化的活动的问题。这里，我们将考察一下如何在活动中加入认知挑战，以及如何分析你在儿童参与活动时所听见的和所看见的内容，并运用这些内容形成计划。我们这里所强调的与强加的学习目标没有任何关联。这里，我们并没有提供个案，而是一些小的简介。

活动 1

- *活动是积木游戏*。幼儿园的约拿每天都在那里玩,已经超过一个星期了。
- *认知挑战是他为自己设立的*。每一个他做的建构物都是对称的,老师通过观察后认为,他的认知挑战是将"对称的"概念内在化。
- *教师决定做的事情*。教师决定在回答他的问题时采用对称(一个科学概念)这个词,另一位老师建议说给他一面镜子,看他会不会用镜子来帮助他形成概念。

活动 2

- *活动是在制图区的游戏*。蕾哈娜在写作区发现了一张长条的纸,她在纸上仔细地、费力地写下每个孩子的名字,并把纸放在外套挂钩处。
- *认知挑战是她为自己设立的*。一名幼儿园工作者说道,她认为蕾哈娜模仿老师的行为创造了一项登记的工作。
- *教师决定做的事情*。幼儿园工作者说道,他打算明天跟她谈一谈她的登记工作,但是他也注意到也许蕾哈娜只是对制作清单或写很多名字感兴趣。

活动 3

- *活动是"制作"桌子*。其中一位老师希望孩子们探索一下车轮。
- *认知挑战是由成人决定的*,他想检验儿童是否能够用提供的圆形来制作车轮。而实际发生的是,儿童用圆形制作出各种各样的东西。没有孩子将圆形变成其他形状。
- *教师决定做的事情*。他们决定展示其中一位孩子所做的事情,他用橡皮筋制作出一个可移动的零件。

对我而言，该提供怎样的活动、如何将其放置在合适的挑战中、如何分析所见所听来形成计划，这些问题都是那些从事儿童工作（尤其是幼儿工作）的人的中心问题。令人伤心的是，近期有这样一个潮流，他们将学习目标和标准强加给儿童，而不考虑儿童自身所关切的问题。至少，活动应当建立在儿童的已有知识的基础上，儿童能够明白活动的指向和目的，并能使用可利用的工具（从感官-动作的探索至抽象思维），他们能够有机会交流、提问、合作、协商、尝试、形成理论并表达自己的发现。你会发现这些活动是更令人满意的，而不像那些以互不关联的目标为基础的计划那样，那些目标通常是由一些根本都不理解儿童的人所设立的，他们认为特定年龄的儿童都需要达到同样的目标。

6. 学习的方式或模式有许多种，每一种都值得考量。

许多书籍都讨论过这个话题，因此这里我就不再提供个案，而是为你提供一些在你计划项目时可以参考的学习方式。一些方式受到了年龄的限制，但一些方式是普遍的。

想象/假想游戏/戏剧

儿童学习用一件事物表征另外的事物，这让他们学会了处理符号系统，因此对于高级概念的发展来说很关键。他们创造一些规则。他们探索假想的事情。这种方式体现在了角色游戏中，儿童可以在游戏中承担一些角色，从而想象可能发生的事情，并学会扮演他人的角色。

科学游戏

通过对物品和情境的探索和调查，儿童开始学会提出问题，并尝试着回答问题。他们参与到观察、假想、尝试、得出结论和评价结论的活动中。他们是行动中的小小科学家。

身体游戏

这里，儿童运用动作和感官在小的和大的范围内探索世界。这些游戏可以将假想游戏和科学游戏囊括进去。

一日活动流程

对幼儿来说，如果一天的活动中包括与他人的交往、语言、其他符号系统（如音乐）和探索，那么大量的学习将会产生。对年龄大一点的孩子来说，用餐时间、远足和在操场上的时间都是学习发生的情境。这不是让我们成人去控制这些时间，而是让我们意识到，学习在儿童离开教室后仍然在发生。

欣赏

儿童花了很多的时间看和听一些东西，主要是电脑、游戏屏幕或电视。在观看的时候，他们通常被深深吸引，并参与其中，这时他们学习到了许多。他们的交往对象也许是屏幕、书籍，但是我们要利用这样一些看上去消极的情境来鼓励孩子思考、提问、反思、表达他们的所听所见。想一想这些情境，听大声念出来的故事、听音乐、观看移动的图像、检视静止的图像。这些都是文化工具，儿童应该接触到这些工具，从而使用它们来传达自己的理解、发展出自己的工具。

表征

洛里斯·马拉古奇（Loris Malaguzzi）说过，儿童有"一百种语言"，他的意思是说儿童有很多种方式来表达他的情感、他对于世界和自身经验的思考。所以，儿童需要有机会使用工具来进行绘画、装饰、做模型、制作，用他们自己的声音、肢体和乐器来创作音乐，通过书写在纸上来表达他们的想法，在舞蹈中运用他们的肢体，通过戏剧来表达各种角色和情境。

回顾与展望

这章非常重要，当你在思考有关教育者的复杂和重要的角色时，你有可能会反复回到这一章内容。我们已经尝试着将本书的基本主题归纳成一系列良好实践的原则，并且添加了一些个案，以在实践中展现这些原则。

下一章是最后一章，它将考察的是维果茨基和他的同事们所开展的针对有特殊需要的儿童的研究。在他写作的那个时期，这些特殊需要通常被定义为身体需要，但是由于他关注的是学习的社会属性，他也考察了特殊的身体情况是怎样使得这些儿童被视为是特殊的、不同的、另类的和低人一等的。在他看来，社会和文化的反应以及实际的身体状况使得这些孩子们挣扎在教育机构当中。对于所有儿童的关注将是本书的最恰当的一个结尾。

术语表

词语或短语	含义	意义
对话的	指代一种教学方式，其中教师和学生是合作的关系，课程或学习的内容是共同协商的，学习者在学习中扮演主要角色	很贴近于维果茨基有关社会的、文化的和交往的观点
说教的	指代一种教学方式，其中教师告知信息，给儿童填充知识	在这种方法中是不可能看到它与维果茨基思想之间的关联的
动态的	指根据情境而做出的转变	
启发式游戏	在没有他人言语的帮助下所进行的对于材料的探索	
线性的	指的是径直的、没有偏差的	
流行文化	指的是现今流行的文化，随着时间的推移它不断发生着变化。现在的流行文化可能包括"老大哥"、艾米·怀恩豪斯、流行偶像等	如果你希望所教的内容与儿童相关，你可以在教学中涉及流行文化
同时的多个世界	我们能够同时生活在不同的世界中，因此称为同时的多个世界。所以，一名儿童可以是一个学生、一个朋友、一个病人、一个帮助者等	当我们在思考我们要提供给孩子的活动时，我们需要考虑到这一点
宝贝篮子	艾莉诺·哥德斯密尔德创造的一个概念，指代对自然的或制作的材料的收集，可供婴幼儿探索	

CHAPTER TEN
Vygotsky's children

第十章
维果茨基的儿童

丹是以前我在一个伦敦学校的班级里的一名孩子，他当时六岁。从幼儿园开始，他就与同伴们一起游戏，是他们中间的一员。同伴们与他游戏，当他摔倒时擦干他的眼泪，当他逗乐时陪他笑（这是对于情感的正常反应，与其他任务并不相同），当他坐在我旁边"阅读"，并轻轻地将我上嘴唇上的头发拨开时，同伴们对他的这些行为也是一种喜爱的情感。尽管他有明显的困难，包括身体上的和认知上的（他被诊断为有唐氏综合征），他仍然是我们这个小社群里的正式的、积极的成员。他很热衷于阅读，当小组里有人在阅读时，他就会坐在他的旁边，一年后，他已经学会了理解一些信息。他能够认识一些词（他的名字、对他有特殊意义的词，他学会了一些单独的，或成双的、成组的字母的发音），但是即使将这所有的加起来，他所掌握的也非常有限。他难以掌握其意义。他的妈妈看到他的进步非常高兴，尤其是对于他情感上的和社会上的进步，她决定把丹送到一所特殊学校，她认为丹需要一种更低的水平、受过特殊训练的工作人员以及更适合他的教学方法。她是一名教师。

同一年，努尔来到我们班，她来自伊拉克。她以前住在一个村庄里，从没有见过汽车或飞机，没有在城市生活过，也从未听过英语。在到达这个国家的第三天，她就进入了我们学校。她家里没有一个人会说英语，我们也没有人可以向她解释或翻译，但是我们让另外一个小女孩照顾她。苏拉娅是前几个月进来的，当时她也不懂英语。我们设想，两个小女孩间的微笑、拥抱、意义的交流也许会发生。努尔非常缓慢地融入班级生活当中。刚开始，她在活动时就坐在旁边，但是很专心地看着。她并不参与任何活动，直到有一天，一位家长带着她新出生的婴儿在孩子们面前洗澡，她着迷地看着这一切，她微笑了，这是她第一次笑。第二天，她主动去拿了一些纸，在上面画了一张宝宝洗澡的图画，将它展示给一位老师看，并且大声地说话。我们并不知道她在说什么，但是她的画向我们说了出来。三个月过后，校长决定请一位教育心理学家，她认为英语知识的缺乏阻碍了努尔的发展，因此努尔需要专家的帮助。她计划把努尔送到一个落后组去学习"快速通道"的英语课程。我们认为，努尔的需要的特殊性与所有儿童的需要都是一样的，她的英语学习只有在她处于同伴中、并与同伴用英语交流时才是最有效的。

在这两个案例中，儿童所展现出来的一些特点可以为我们理解他们的学习和发展提供解释。丹的问题被视为一种医学综合征，而努尔的困难则是由于一种特定事物经验的缺乏所导致的。你需要判定，是其中一个孩子还是两个孩子都应当被归为有"障碍"的类型。现今我们界定有特殊需要的儿童的方式并没有太大的变化，一般都是根据文化中有关"正常"的观点来界定的。对维果茨基来说，有行为或情感困难的儿童很少被看作是有问题的。而那些有身体或认知困难的儿童则归入到了*缺损*

学的范围当中。

现在我们将注意力转移到维果茨基有关特殊儿童的研究当中。他主要研究的是那些有困难的儿童，包括视觉上有损伤或失明的儿童、有听力障碍或耳聋的儿童及语言上受损的儿童。但是，他也研究那些在十月革命过后成为孤儿的儿童，还有那些遭受营养不良、强制安置和教育缺乏的儿童。这种研究在当时被视为缺损学的研究。你应该已经意识到，这个术语现今已经不被接受。这个术语源自于苏联，指的是对于缺陷的研究。我们不能够将"有特殊需要"这个词与缺损学对等起来，因为缺损学并不包括有学习或情感障碍的儿童。

生物学与文化

要想理解维果茨基所开展的有关儿童的研究，我们必须考虑到他的人类发展的社会历史理论。如你所知，这种理论指的是，维果茨基在分析学习和发展时尤为关注历史和文化的重要性，他认为学习和发展都是根植于社会的。我们还可以来学习他的*个体发育缺陷*理论，他用这个词来形容"畸形的"发展。你应该不会对此感到惊讶，他超出了他那个时代，将他在儿童身上看到的问题不仅看成是身体的问题，而更重要的是他人在对于儿童的反馈中所产生的问题。譬如，尽管眼盲和耳聋在起源上来说是生理性的，但是教师所要做的事情不仅是单独处理这些生理性的因素，还包括它们的社会性后果。在维果茨基那个时代，这是一种革命性的思维。

在对这些特殊需要的儿童进行描述时，维果茨基发现了两条线路的发展：一条线路是自然的，一条线路是文化的。对我们来说这并不是新的观点。如我们所知，儿童在长大的过程中生理上会随之发生变化：这是*自然的*发展。所以说，这里的"自然的"并不是人工的反义，而是指生理的。儿童通过交往和文化工具的使用在情感上和认知上发生变化：这是*文化的发展*。他提到，这两条轴线不仅适用于特殊儿童的发展，也适用于所有儿童。他提出了下面这些内容：

- 在自然发展的一端是那些认知和社会技能延迟的儿童，他们被视为是迟缓的（维果茨基的词语，并非我的）。
- 在自然发展的另一端是那些认知和社会发展极度超前的儿童。
- 与此同时，在文化的轴线上，从*原初的*文化机能开始，直至高度发展的文化机能。
- 一个正常的甚至有着高度发展的自然能力（如自发注意、记忆能力和解决问题的能力等）的儿童有可能会缺失他们文化中的重要的符号工具。这种缺失将造成行为的变化或一种综合征，他称之为*原初性*。

这个词可能会让你感到不安，我也有同样的感受。但是，下面这个案例是他用来举例说明的。

> 彼得洛娃是维果茨基的一位同事，她曾研究过一名儿童，这名儿童的行为被维果茨基归为原初的。因为当这名儿童被问到树和木的区别时，她回答说她不能够区分，因为她从没有见过树。当有人指着窗外的树给她看时，她说道："哦，但是它是菩提树。"

维果茨基解释说，这名儿童并没有机会将语言作为一种推理工具来使用。她还停留在命名的水平上，而不能够分组、分类或概括化。根据维果茨基的理论，这名儿童也许拥有正常的能力，但是她却丧失了使用特殊文化工具的机会。

在图10.1中，你会发现一个引自丹尼尔等人（Daniel *et al.*,2007）的图表，它展示出自然和文化的两根轴线的可能效果和结合。我认为这是描述发展的一种非常粗糙的方式，我并不同意他所使用的语言（如原初性）以及这些语言所使用的方式。研究维果茨基的评论者们都已经意识到，在维果茨基去世以后，他著作中的文化维度，也是他最有力的观点已经被忽视掉了，研究都集中于个体儿童，并没有对文化的重要性做出分析或理解。近些年，福伊尔施泰因等人（Feuerstein et al.,1978）将文化区别和文化剥夺放置在他们的特殊需要理论的中心。他们试图找到一些为移民到以色列的儿童提供有质量教育的方式，帮助儿童适应剧变、丧失家庭、身份丧失、剥夺和紊乱这些困难。在这些研究中都有这样一个共同的担忧，即世界上有优势的人可以对他人的文化和文化工具做出价值判断。一名儿童说的是我们不知道或不能够识别的语言，他来自于一个口语的而非书面语的文化，他从未上过学，但这并不意味着这个孩子有学习、发展和成长上的障碍。但是，让我们现在回到一些不那么令人不安的研究内容上。

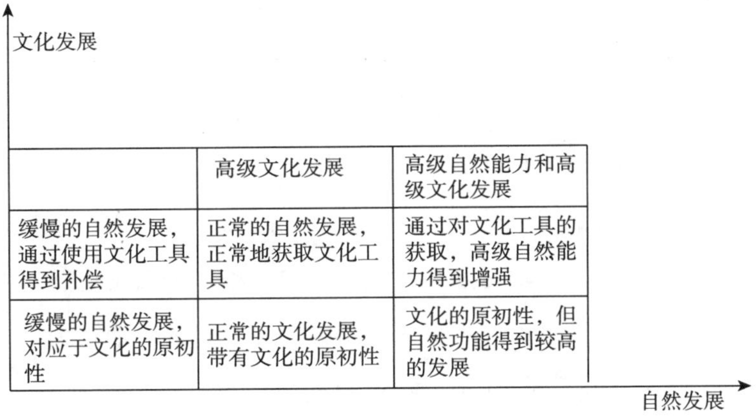

	高级文化发展	高级自然能力和高级文化发展
缓慢的自然发展，通过使用文化工具得到补偿	正常的自然发展，正常地获取文化工具	通过对文化工具的获取，高级自然能力得到增强
缓慢的自然发展，对应于文化的原初性	正常的文化发展，带有文化的原初性	文化的原初性，但自然功能得到较高的发展

图10.1 自然和文化的两根轴线的可能效果和结合。引自丹尼尔（2007）

个体发育缺陷

在维果茨基所处的时代,有一些关于特殊需要的儿童的流行观念,举例来说,一名眼盲的儿童就像是一名没有视力的正常儿童,一名耳聋的儿童就像是一名没有听力的正常儿童。你很容易看出,这是一种*做减法的观点*,维果茨基认为这种分析实在太过于简单了。用他的话来说:"一个发展受到某种缺陷阻碍的儿童并不是一个仅仅比他的同伴发展慢的儿童,而是一个发展得有所不同的儿童"(维果茨基,1993:30)。所以一个眼盲的孩子并不能看见,但是也许他的其他供补偿的感官得到了发展。这个孩子也受到了家长、家庭成员、医生和学校等各方面的特殊对待。维果茨基认为需要考虑两个方面:

● 一种主要的缺失,即最初的感官、机能或神经系统的紊乱或损坏对于儿童自然发展的消极影响;

● 随之而来的第二种影响,即儿童的损伤影响到其交往,进而影响到中介。

这种损伤给儿童的发展留下了一个持久的,甚至是永久的创伤。

在这种解释之后,维果茨基开始关注他人该如何帮助这些受到影响的儿童。他的治疗方法集中在高阶机能的发展,尽管在身体、自然的或生理上仍然受到影响(听力丧失、视力低下、肌肉功能丧失),但是它将*通过使用文化工具来促进认知机能的发展*。所以,这些剥夺了某方面发展的儿童将得到帮助,学习发展他们的抽象思维、逻辑记忆、自发注意和目标指向行为。维果茨基将这些策略称为*补偿性的*,他认为一个器官的生理创伤并不必然导致高阶机能的创伤。

让我们用一个特殊儿童的真实案例来说明这一点。路易吉出生时有一些轻微偏瘫,他身体的右边部分有一些缺陷。医生对他的父母说,这是一种神经系统的缺陷,有可能会潜在地影响到他的动作发展。父母花了很多的时间与专家们交流，他们希望自己所做的事情可以最大限度地减轻这种疾病对于儿童和他自身形象的影响。在他小的时候，父母坚持将他视为他的兄弟姐妹、堂兄妹和朋友的团体中的一员。在他上的幼儿园里，集体中的成员也没有人注意到他那一点笨拙的行为。当他开始正式上学时，他的父母咨询了心理学家，讨论该如何确保路易吉不会经历失败的感受，进而破坏他的自我形象和自信心。其中一位心理学家告诉他们，他们可以帮助他训练大肌肉和精细动作的技能，并给出了一些训练的方法。其中一种方法是通过使用电脑做一些他感兴趣的事情来帮助他精细动作技能的发展。使用画图工具，如铅笔、蜡笔和画笔对路易吉来说有些困难，所以他们与路易吉的老师进行了交流，老师随后为路易吉提供了特殊改造过的工具以供他在教室使用。父母还鼓励他去户外与他的哥哥踢足球，与妈妈一起打太极，弹吉他，成为某些群体中的社员。所有这些活动都使用了文化工具（改造过的画图工具、足球、乐器、电脑键盘、鼠标等），这不仅能够使他发展身体机能，还能帮助他发展认知和言语机能，从而成为学校主流中的一员。

如果维果茨基认识路易吉和他的家庭的话，他一定会发现正是由于社会中介和文化工具的获取，路易吉才能够在主流环境中与其他孩子一起生活和学习。对维果茨基而言，成人认识和理解世界的方式的来源在于，他们在儿童期通过日常活动以及文化工具的使用自发地获得了心理表征的方法。他们或许用铲子在沙里挖洞，与妈妈一起带宝宝去诊所，和朋友一起踢球，听成人大声地朗诵，帮忙摆餐桌，与爸爸聊学校里所发生的事情，边走路去见朋友边听iPods，这些都是丰富多样的生活中的普通的、日常的、有意义的活动。正因如此，当他们进入学校开始接受更为抽象的概念和观点时，他们能够很好地处理这些概念和观点，因为他们头脑中存储有大量的图像，而且他们知道该如何思考和回忆这些图像。

让我们从一种更为个人的角度来理解这点。当你小的时候，你一定在日常活动中碰到过"一半"的概念。你也许要了一个苹果，而你的妈妈将它切成一半给你；你也许想到你需要跟你的朋友分享，所以每一袋零食都只吃一半。现在，当你计划做一个蛋糕，配方上说要用125克的黄油，你很可能知道你要做的是拿出一整块黄油使用一半就好，因为它有250克。你通过日常活动知道了"一半"的概念，而且通过日常活动和学校教学了解了数字系统。所以你知道250是由125和125构成的。

现在来看一下这个案例。许多年前，德安妮想请我帮助她学数学。她将自己形容为"不会识数的"，因为她对于数字没有任何概念，也不知道该怎么运算数字。她那个时候已经四十多岁了。她并没有某种确定的学习障碍，但是在战争期间她是一名撤离者，她将战争经历视为一个痛苦的、恐怖的经历，在那期间，她的学校生活和她与亲人的交流都受到了破坏。当我们在一起时，我发现我需要从操作具体物品开始教她，以弥补她在学校期间或从童年开始就缺失了的事情。所以我们在她烹饪时做很多的数学。有一次，我让她往蛋糕里加入半块黄油。她的解决方法是取出一台厨房天平秤和一块茶匙，一次舀出一茶匙黄油放在天平秤上。这是一个非常繁琐的、费力的过程。德安妮并没有经历过任何身体或认知障碍。她对于抽象思维的无能力源自于她早期的生活事件，这使得她在情感发展上受到影响。当我们在思考有特殊需要的儿童时，我们会将有情感障碍的儿童也囊括其中，而在维果茨基写作时，情况并不是这样的。

帮助有特殊需要的儿童

对维果茨基而言，帮助那些有困难的儿童的方式并不是治疗困难本身，而是治疗由那些困难所造成的儿童在其关系与交往中所受到的影响。维果茨基建议创造一些促进文化发展的替代性方式。他认为，儿童一旦获得了文化工具，他们就能够将自身的自然能力转换成高级心理机能。所以，在这里内在化的概念很重要，它出现在所有的发展与学习中。维果茨基强调了信号或工具与它们的学习和使用的意义这两者之间的辩证关系。用通俗的话来说，需要对一些工具进行改造来适应学习者的特殊需要，从而使学习者能够使用这些工具。所以，一个有视觉困难的孩子能够用到放大了的印刷品，一个丧失听力的孩子能够坐到教室的前面，一个运动控制不佳的孩子能够使用键盘而不是铅笔，等等。维果茨基提醒我们，工具的意义是更为重要的，"不同的符号系统分别指向同一个教育内容……意义比信号更为重要。让我们交换信号，但是记住其意义"（1983：54）。

对工具的改造得到了显著发展，很显然，技术也使得一些学习者能够做很多事情。但是问题依然存在，这些工具该如何成为中介呢？柯祖林和金迪（Kozulin and Gindis，2007）提出，在我们称之为"正常"发展的过程中，存在一个儿童通过直接的经验所获得的日常概念以及通过教学而获得的科学概念之间的互动。但是，对于有障碍的儿童来说，情况却不是这样的。由于他们的身体问题（如视力缺失、听力受损、理解力有限等），他们的日常概念是有局限的、不成熟的或者是扭曲的，因此，科学概念显得尤为重要。这意味着，教师需要考虑一种能够更有效地支持这些有特殊需要的儿童的方法。这是一个非常重要的信息。集中于治疗最初的问题（如视力或听力缺失）相较于帮助儿童抽象地思维来说，其影响没有那么长久，也没有那么深入。维果茨基说道："帮助一个盲人训练他的听力这一方法有其自然的局限性；培养心理（想象力、推理能力、记忆力等）的力量则没有任何局限性。"（1983：212）

最近发展区

对于有特殊需要的儿童来说,评价的观念是非常重要的,我们要理解这点并不难。有特殊需要的儿童与所有儿童一样,他们已有的认知和能够做的事情都应当被加以评价。唯有当教育者了解这些时,他们才能够计划好儿童需要学习的内容。关于儿童评价的方式有许多种,其中有一些方式可以被称为评价的*动态方式*。这个概念是以维果茨基发展的观点为基础的,它主张的是,既然高阶心理过程是通过与他人的交往而发展的,然后再对其加以内化,那么他人是促进学习的关键。*所以,学习是通过与成人或同伴的交往而共同建构的,所提供的帮助如果与儿童的兴趣、现实情境和评估的需求相适应,那么这种帮助能够提升学习。*类似于智力测验这样的测验只能够被形容为是*静态的*(与上面所提到的动态方法相比较而言),它显示的是学习者在过去所学习到的内容。教育者应当知道的是儿童在适当的帮助下现在能够学习的内容。所以我们又再次回到了最近发展区。

维果茨基认为,静态的评价集中于发展的果实,而不是他所认为的花苞或花朵。所以,他们着重于测量最终的成果,而非控制整个过程。他还提出,这种测试非常依赖于文化准则。例如,一名从未见过或听过雪的儿童不可能展示出任何有关雪的事物的认知。现今有一种共同使用静态测验和动态测验的趋势,它关注的是儿童所知道的和能做的事情,而非儿童不知道的或不能做的事情。最近发展区允许那些受到认知损伤的儿童与那些由于某些原因发展受到延误的儿童之间存在一个质的区别。这个区别不仅在于他们的表现,还在于他们对于在交往或支架过程中的所受到的帮助的反馈。*动态的评价是一个互动性的过程,它关注的是儿童在解决问题时所使用的策略以及儿童从支架中所获得的益处。*我们应当测量的是儿童在获得帮助之前的表现和之后的表现。也许,当我们与有特殊需要的儿童一起工作时，我们需要仔细想一想该如何为儿童分组，该如何利用一个组织好的同伴群体（维果茨基称为"集体的"）。这样的一个集体可以被视为一种中介的有效手段和一个有力的促进高级心理机能形成的推进者，尤其是对有缺陷的儿童而言。

融合

你也许会感到惊讶，维果茨基倾向于将有特殊需要的儿童放置在主流的环境当中，而不是将他们分离开来，与其他有障碍的孩子一同生活。这源自于他的一个观点，即有障碍的儿童的发展是由他的（生理或器官的）损伤的社会性维度所决定的。我们需要给儿童一些积极的回应，让儿童能够得到支持、帮助和接纳。将儿童带离于群体之外，往往会使儿童受到消极的对待或标签化。维果茨基花了数年的时间构想出一种未来的特殊教育的模式，他称之为"在积极区别的基础上的融合"。它意味着，社会需要去发现有缺陷的儿童的能力，而不是集中于他们的缺陷。他对于儿童是怎样作为一个正式的成员融合到他们的邻居关系、文化、群体和阶层当中的问题很感兴趣。他反对那些对儿童的低期待、低标准的课程和社会的隔离。所以，他认为应该为所有的儿童提供这样的一些学校或机构，在那里，教师得到了关于教育和支持儿童的适当培训，大量的、适用的文化工具得以使用，教学方法能够匹配于每个学生的独特需求。

他关于融合的观点与瑞吉欧·艾米莉亚的管理权威们的观点很相似。三十年来，那个地区都在努力将"有缺陷的"学生融入主流的学校、阶层和机构中。在本书中经常提起的一些意大利幼儿学校实施了这一政策，它们常被视为良好实践以及维果茨基思想的典型（尽管这不常常是外显的）。我们应当不会为之惊讶，因为我们已经了解到社会和文化

(儿童)在意大利社会中的重要性，他们对于作为每个个体的儿童给予了很大的关注。每个国家关于特殊需要的定义都有所不同，在意大利，它指的是那些有身体损伤、发展迟缓和类似于有唐氏综合征的儿童。安吉拉·纳斯（Angela Nurse，2001）访问了瑞吉欧·艾米莉亚，并写下了她的印象：

> 幼儿园使残障和学习速度最慢给儿童带来的影响变得最小化，因为学习环境与每个儿童的发展和社会需求是相匹配的。反思过后，我意识到也许理念和实践也会局限挑战性行为的发展。英国和瑞吉欧教育系统的区别在于儿童在群体当中相互学习的投入程度。这里孩子们所使用的语言太丰富了……这体现在他们在解释所做的和所理解的事情时所使用的复杂句式，也体现在他们对于困难概念的探索，如战争和死亡（在英国的大多数地方，这些主题都不会让幼儿涉及）。孩子们都在倾听对方，为他们在工作中所碰到的特殊问题提供建议，寻求建议。成人在那里提供建议和帮助，但是并不会夺走儿童解决问题的责任。
>
> （纳斯，2001：68）

继续阅读下去，你会发现这里面包含了许多维果茨基的观点，如：在特殊需要里只有很小一部分的"障碍"；不仅集中于处理实际的障碍，还包括对他人的反应；实施的项目需契合儿童的需要；将学习视为互动的；意识到高级心理机能（如问题解决）的重要性。

纳斯接下来还提出了重要的一点，她认为学校和幼儿园仅仅只是构成儿童生活的很小一部分。儿童生活的环境和方式有很大的作用。在瑞吉欧·艾米莉亚那里，社区是固定的和繁荣的，早期保育和教育也受到重视。家长扮演着中心的角色，教师和家长之间相互尊重，共同关注着儿童的需要。大家庭的作用也很大，人们常常与社区里的人在广场、餐馆、学校或幼儿园里见面。对于活动的深入参与被视为是正常的、重要的。在那里还提供了一些活动让儿童参与到一些"流动中的"事务当中，如一台织布机，旁边还放着一篮子线，所以儿童在路过时可以跑过来织一排或几排。这也突出了社区对于那些有特殊需要的儿童的态度的重要性。

回顾

我希望这本书能够帮助你更深入地理解列维·维果茨基的观点，如果你对于这些思想印象深刻的话，那么本书将在你作为一名实践工作者时，为你提供一些实践的想法以促进你所教育的儿童的学习。关于维果茨基和他的追随者的思想，我们还有太多太多可以学习的。

术语表

词语或短语	含义
补偿性的	一个用来形容维果茨基所认为的可以用做特殊障碍的补偿方法的术语
缺损学	维果茨基使用的术语，用来形容对需要额外帮助的儿童的研究。他们通常是那些有着身体或认知损伤的儿童，或者那些经历过创伤的儿童。但是情感的和行为的障碍并没有囊括其中
个体发育缺陷	维果茨基使用的术语，用来形容那些有特殊需要的儿童的发展，他们的发展在某些方面受到了破坏
原初性	维果茨基所使用的一个令人不安的词，指在高级文化和其对立面之间的一端
做减法的	一种将有障碍的儿童看成是一个"正常"儿童再减去某个因素的方法

结　语

你已经与我一同走过了20世纪最著名的思想家之一——维果茨基的世界和思想的旅程。我们的旅程开始于苏联的一个多雪的小镇奥尔沙，再到高美尔、莫斯科，然后再回到高美尔，之后我们才开始探讨这位思想家对于他周围的人以及后来阅读他思想的人的影响。在他短暂的一生中，他经历了家乡的大屠杀、针对他和他的犹太人同伴的种族歧视、第一次世界大战和德占时期的影响、大饥荒时期、俄国革命，以及由此而带来的社会和政治的巨大变革，最后经历了斯大林掌权时期。37岁时他英年早逝，在他短暂而卓越的一生中，他留下了不少于15本的研究和著作，讨论的内容包括心理学、符号学、游戏、青春期、学习与教学、有特殊需要的儿童、文学、认知等。如你所知，他所有的研究都被置于社会历史的背景之下，强调的是经验、交往和文化这样一些持续性的、动态的背景。他在很多领域都为人熟知，有些领域你也许知道，有些领域你也许并不清楚。我期望对你来说这是一段引人入胜的、丰富充实的旅程。

我真的很高兴能有这样的机会来写这本关于思想和

教育的书籍，尤其是在这样一个时代里，教育似乎已经成为测量和评估儿童的系统，而并非"供养"或培育儿童。所有的农夫都很清楚，为一头猪称重并不会让它变得更胖。当我们阅读维果茨基的思想时，我想起以前我从事儿童工作的一段时光，我遇到的孩子们对于世界有着很大的好奇心，他们希望能够找到探索、描述、表达世界的方式，他们对世界充满热情。七岁的索娜（这章中孩子的名字都进行了修改）对我说："我很喜欢……我太喜欢了，当我们阅读完这个长长的故事后，我回到家中还在想接下来会发生什么。"四岁的富兰克林总是要在他建造的塔顶端的积木平衡以后，才肯回家。六岁的本杰明花了很多个星期做同一件事情，那就是把笔甩到空中，并且像天使般地唱着我们以前改编成了儿童版本的《西区故事》。五岁的以英语为母语的爱丽丝抓着说希腊语的艾莱尼的肩膀大声说："她就是我，唯一的希腊人。我们是朋友。"菲利兹告诉我说我应该学习说土耳其语，因为它"是一门优美的语言，它是我的母语"。

这些孩子都是通过他们的际遇、交往，还有语言、音乐、舞蹈、绘画和制作来学习的。他们得到了成人的支持，这些成人认为他们是有趣的，尊重他们理解世界的方式，并享受与他们一同工作。后来，这些孩子当中有很多人都成为严肃的学习者、思考者和行动者。波拉特（与他的家人一起回到土耳其）创作严肃的连载漫画；彼得（他的父母在伦敦经营一家外卖餐厅）成为一名在中国工作的医生；阿卡纳（在阅读的学习上有困难）成为一名教师；玛利亚姆（每天她都会发脾气）现在在写儿童书籍；祖赫拉（每天都喜欢在头上放本书）成为一名心理学家，写了关于维果茨基的论文。对我来说，他们都是维果茨基的儿童，这本书的期望也是将来能够有更多的维果茨基的儿童出现。

参考文献

Abbott, L. and Nutbrown, C. (eds) (2001) *Experiencing Reggio Emilia: Implications for Pre-school Provision*. Buckingham and Philadelphia: Open University Press.

Bakhtin, M. (1981) 'Discourse in the novel'. In C. Emerson and M. Holquist (eds), *The Dialogic Imagination: Four Essays by M. Bakhtin*, Austin: University of Texas Press.

—— (1986) *Speech Genres and Other Late Essays*. Trans.Vern W. McGee. Austin: University of Texas Press.

Bearne, E., Dombey, H. and Grainger, T. (2003) *Classroom Interactions in Literacy*. Maidenhead: Open University Press.

Berger, M. (2005) 'Vygotsky's theory of concept formation and mathematics education'. In H.L. Chick and J.L. Vincent (eds) *Proceedings of the 29th Conference of the International Group for the Psychology of Mathematics Education, vol. 2*. Melbourne: PME: 153–60.

Blaise, M. (2005) *Playing It Straight: Uncovering Gender Discourses in the Early Childhood Classroom*. New York and London: Routledge.

Boal, A. (2000) *Theater of the Oppressed*, 2nd edn. London: Pluto Press.

Bourdieu, P. (1973) 'Cultural reproduction and social reproduction'. In R. Brown (ed.), *Knowledge, Education and Cultural Change*. London: Tavistock.

Brown, A.L. and Palincsar, A.S. (1989) 'Guided co-operative learning and individual knowledge acquisition'. In L.B. Resnick (ed.), *Knowing, Learning and Instruction: Essays in honour of Robert Glaser*. Hillsdale, NJ: Lawrence Erlbaum: 393–451.

Brown, K. and Cole, M. (1997) 'Fifth Dimension and 4-H: complementary goals and strategies'. *Youth development focus*, 3(4). Davis, CA: University of California Center for Youth Development.

Browne, A. (1996) *Developing Language and Literacy 3–8*. London: Paul Chapman Publishing

Bruce, T. (1991) *Time to Play in Early Childhood Education*. London: Hodder & Stoughton.

Bruner, J.S. (1966) *Towards a Theory of Instruction*. London: Harvard University Press.

—— (1997a) 'Celebrating divergence: Piaget and Vygotsky'. *Human Development*, 40: 63–73.

Bruner, J.S., Caudhill, E. and Ninio, A. (1997b) 'Language and experience'. In R.S. Peters (ed.), *John Dewey Reconsidered* (The John Dewey Lectures, University of London). London: Routledge.

Chen, Y. and Gregory, E. (2004) 'How do I read these words?' In E. Gregory, S. Long and D. Volk (eds), *Many Pathways to Literacy: Young Children Learning with Siblings, Grandparents, Peers and Communities*. New York and London: Routledge Falmer.

Clay, M.M. and Cazden, C.B. (1990) 'Scaffolding instruction and implications: a Vygotskian interpretation of Reading Recovery and application of sociohistorical psychology'. In L.C. Moll (ed.), *Vygotsky and Education: Instructional Implications and Applications of Sociocultural Psychology*. Cambridge: Cambridge University Press.

Cole, M. (1985) 'The zone of proximal development: where culture and cognition create each other'. In J.V. Wertsch (ed.), *Culture, Communication and Cognition: Vygotskian Perspectives*. Cambridge: Cambridge University Press.

—— (1996) *Cultural Psychology: A Once and Future Discipline*, Cambridge, MA: Harvard University Press.

—— (2003) 'Vygotsky and context: where did the connection come from and what difference does it make?' Paper prepared for Biennial Conference of the International Society for Theoretical Psychology, Istanbul, Turkey.

Cole, M. and Distributed Literacy Consortium (1996) *The Fifth Dimension: An After-School Program Built on Diversity*. New York: Russell Sage Foundation.

Cole, M. and Wertsch, J.V. (eds) (1995) *Contemporary Implications of Vygotsky and Luria*. Heinz Werner Lecture Series. Worcester, MA: Clark University Press.

Damon, W. and Phelps, E. (1989) 'Critical distinctions among three approaches to peer education'. *International Journal of Educational Research*, 13: 9–19.

D'Andrade, R. (1990) 'Some propositions about the relations between culture and human cognition'. In R. Shweder and R. LeVine (eds), *Cultural Psychology: Essays in Comparative Human Development*. Cambridge: Cambridge University Press.

Daniels, H. (2001) *Vygotsky and Pedagogy*. New York and London: Routledge Falmer.

Daniels, H., Cole, M. and Wertsch, J.V. (eds) (2007) *The Cambridge Companion to Vygotsky*. Cambridge: Cambridge University Press.

Datta, M. (ed.) (2000) *Bilinguality and Literacy: Principles and Practice*. London: Continuum.

—— (2004) 'Friendship literacy: young children as cultural and linguistic experts'. In E. Gregory, S. Long and D. Volk (eds), *Many Pathways to Literacy: Young Children Learning with Siblings, Grandparents, Peers and Communities*. New York and London: Routledge Falmer.

Donaldson, M. (1978) *Children's Minds*. London: Croom Helm.

Dixon-Krauss, L.A. (1992) 'Whole language: bridging the gap from spontaneous to scientific concepts'. *Journal of Reading Education*, 18: 13–17.

Drummond, M.J. (1998) 'Observing children'. In S. Smidt (ed.), *The Early Years: A Reader*. London and New York: Routledge.

Duncan, R. M and Tarulli, D. (2003) 'Play as the leading activity of the preschool period: insights from Vygotsky, Leontiev and Bakhtin'. *Early Education and Development*, 14/3: 270–92.

Dunn, J. (1988) *The Beginnings of Social Understanding*. Cambridge, MA: Harvard University Press.

Durant, A., Ochs, E. and Ta'ase, E.K. (2004) 'Change and tradition in literacy instruction in a Samoan American community'. In E. Gregory, S. Long and D. Volk (eds), *Many Pathways to Literacy: Young Children Learning with Siblings, Grandparents, Peers and Communities*. New York and London: Routledge Falmer.

Dyson, A.H. (1997) *Writing Superheroes: Contemporary Childhood, Popular Culture and Classroom Literacy*. New York and London: Teachers College Press.

Dziurla, R. (n.d.) 'Semiotics of play in view of the development of higher mental functions'. Available online: http://webpages.charter.net/schmolzel/vygotsky/dziurla.html (accessed October 2008).

Elkonin, D. (1995) *Selected Works in Psychology*. Moscow: Pedagogika.

Engeström, Y. (1987) *Learning by Expanding: An Activity-theoretical Approach to Developmental Research*. Helsinki: Orienta-Konsultit.

—— (1999) 'Innovative learning in work teams analysing cycles of knowledge creation in practice'. In Y. Engeström, R. Miettinin and R.L. Punamaki (eds), *Perspectives on Activity Theory*. Cambridge: Cambridge University Press.

Feuerstein, R. (1980) *Instrumental Enrichment: Integrated Programme for Cognitive Modifiability*. Baltimore, MD: University Park Press.

Feuerstein, R., Miller, R., Hoffman, M.B., Minzker, Y. and Jensen, M.R. (1981) 'Cognitive modifiability in adolescence: cognitive structure and the effects of intervention'. *Journal of Special Education*, 15(2): 269–87.

Figueirido, M (1998) '"Tricks"'. In S. Smidt (ed.), *The Early Years: A Reader*. London: Routledge.

Freire, A.M.A. and Macedo, D. (eds) (1998) *The Paulo Freire Reader*. New York: Continuum.

Freire, P. and Macedo, D. (1987) *Literacy: Reading the Word and the World*. London: Routledge and Kegan Paul.

Gleick, J. (1992) *Genius: Richard Feynman and Modern Physics*. London: Little, Brown and Co.

Goldschmied, E. and Jackson, S. (1994) *People Under Three: Young Children in Day Care*. London and New York: Routledge.

Grainger, T. (2003) 'Exploring the unknown: ambiguity, interaction and meaning making in classroom drama'. In E. Bearne, H. Dombey and T. Grainger (eds), *Classroom Interactions in Literacy*. Maidenhead: Open University Press.

Gregory, E., Long, S. and Volk, D. (eds) (2004) *Many Pathways to Literacy: Young Children Learning with Siblings, Grandparents, Peers and Communities*. New York and London: Routledge Falmer.

Griffin, P. and Cole, M. (1984) 'Current activity for the future: the zo-ped'. In B. Rogoff and J.V. Wertsch (eds), *Children's Learning in the Zone of Proximal Development*. San Francisco: Jossey-Bass.

Gura, P. (ed) (1992) *Exploring Learning: Young Children and Blockplay*. London: Paul Chapman Publishing.

Hall, N. (1999) 'Young children, play and literacy: engagement in realistic uses of literacy'. In J. Marsh and E. Hallet (eds), *Desirable Literacies: Approaches to Language and Literacy in the Early Years*. London: Paul Chapman Publications.

Isaacs, S. (1930) *Intellectual Growth in Young Children*. London: Routledge & Sons, Ltd.

Ivić, I.D. (1994) 'Lev S. Vygotsky'. *Prospects*, XXIV(3/4): 761–85.

Jane, B. and Robbins, J. (2004) 'Grandparents supporting children's thinking in technology'. Paper presented at 2004 Annual Conference of the Australian Association for Research in Education, Melbourne: Nov. 28–Dec. 2. Available online at www.aare.edu.au/04pap/jan04113.pdf.

Karmiloff-Smith, A. (1994) *Baby, It's You*. London: Ebury Press.

Katz, L. (1998) 'A developmental approach to the curriculum in the early years'. In S. Smidt (ed.), *The Early Years: A Reader*. London: Routledge.

Kearney, C. (2003) *The Monkey's Mask: Identity, Memory, Narrative and Voice*. Stoke-on-Trent: Trentham Books.

Kelly, C. (2004) 'Buzz Lightyear in the nursery: intergenerational literacy learning in a multimedia age'. In E. Gregory, S. Long and D. Volk (eds), *Many Pathways to Literacy:*

Young Children Learning with Siblings, Grandparents, Peers and Communities. New York and London: Routledge Falmer.

Kenner, C. (2004a) *Becoming Biliterate: Young Children Learning Different Writing Systems*. Stoke-on-Trent: Trentham Books.

Kenner, C. (2004b) 'Community school pupils reinterpret their knowledge of Chinese and Arabic for primary school peers'. In E. Gregory, S. Long and D. Volk (eds), *Many Pathways to Literacy: Young Children Learning with Siblings, Grandparents, Peers and Communities*. New York and London: Routledge Falmer.

Kenner, C. and Kress, G. (2003) 'The multisemiotic resources of biliterate children'. *Journal of Early Childhood Literacy*, 3(2): 179–202.

Kozulin, A. (1999) *Vygotsky's Psychology: A Biography of Ideas*. 2nd edn. Cambridge, MA: Harvard University Press.

Kozulin, A. and Gindis, B. (2007) 'Sociocultural theory and education of children with special needs: from defectology to remedial pedagogy'. In H. Daniels, M. Cole and J.V. Wertsch (eds), *The Cambridge Companion to Vygotsky*. Cambridge: Cambridge University Press.

Lanigan, G. (1998) 'Playing with magnets'. In S. Smidt (ed.), *The Early Years: A Reader*. London: Routledge.

Larkin, M. (2001) 'Providing support for student independence through scaffolded instruction'. *Exceptional Children*, 34(1): 30–4.

Lave, J. and Wenger, E. (1991) *Situated Learning: Legitimate Peripheral Participation*. Cambridge: Cambridge University Press.

Leontiev. A.N. (1978) *Activity, Consciousness and Personality*. Englewood Cliffs, NJ: Prentice Hall Publishers.

—— (1981) *Problems the Development of the Mind*. Moscow: Progress Publishing.

Levi, P. (1988) *The Drowned and the Saved*. London: Michael Joseph.

Luria, A.R. (1976) *Cognitive Development*. Cambridge, MA: Harvard University Press.

McClaren, P.L. and Lankshear, C. (eds) (1994) *Politics of Liberation: Paths from Freire*. London and New York: Routledge.

Malaguzzi, L. (1984) *L'Occhio Se Salta Il Muro*. Giglio.

Marsh, J. and Hallet, E. (eds) (1994) *Desirable Literacies: Approaches to Language and Literacy in the Early Years*. London: Paul Chapman Publications.

Matusov, E. (1998) 'When solo activity is not privileged: participation and internalisation models of development'. *Human Development* 41: 326-49.

Meadows, S. (1993) *The Child as Thinker: The Development and Acquisition of Cognition in Childhood*. London: Routledge.

Meek, M. (ed.) (1996) *Developing Pedagogies in the Multilingual Classroom: the writings of Josie Levine*. Stoke-on-Trent: Trentham Books.

Mercer, N. (2000) *Words and Minds: How We Use Language to Think Together*. London: Routledge.

Mercer, N., Wegerif, R. and Dawes, L. (1999) 'Children's talk and the development of reasoning in the classroom'. *British Educational Research Journal*, 25(1): 95–111.

Moll, I.C. (1990) *Vygotsky and Education: Instructional Implications and Applications of Sociohistorical Psychology*. Cambridge: Cambridge University Press.

Newman, D., Griffin, P. and Cole, M. (1989) *The Construction Zone: Working for Cognitive Change in School*. Cambridge: Cambridge University Press.

Nurse, A. (2001) 'A question of inclusion'. In L. Abbott and C.Nutbrown (eds), *Experiencing Reggio Emilia: Implications for Pre-school Provision*. Buckingham and Philadelphia: Open University Press.

Paley, V.G. (1999) *The Kindness of Children*, Cambridge, MA, and London: Harvard University Press.

Palincsar, A. and Brown, A.L. (1984) 'Reciprocal teaching of comprehension-fostering and comprehension-monitoring activities'. *Cognition and Instruction*, 1(2): 117–75.

—— (1988) 'Teaching and practising thinking skills to promote comprehension in the context of group problem solving'. *Remedial and Special Education*, 9(1): 53–9.

Pea, R.D. (1993) 'Practices of distributed intelligence and designs for education'. In G. Salomon (ed.), *Distributed Cognitions: Psychological and Educational Considerations*. Cambridge: Cambridge University Press.

Pramling, N. and Samuelsson, I.P. (2001) '"It is floating 'cause there is a hole": a young child's experience of natural science'. *Early Years*, 21(2): 139–49.

Riley, J. (ed.) (2003) *Learning in the Early Years: A Guide for Teachers of Children 3–7*. London: Paul Chapman Publishing.

Rinaldi, Carlina (2006) *In Dialogue with Reggio Emilia: Listening, Researching and Learning*. London: Routledge.

Rogoff, B. (1990) *Apprenticeship in Thinking: Cognitive Development in Social Context*. Oxford: Oxford University Press.

Rogoff, B. and Lave, J. (eds) (1999) *Everyday Cognition: Development in Social Context*, 2nd edn. Cambridge, MA: Harvard University Press.

Rogoff, B. and Wertsch, J.V. (eds) (1984) *Children's Learning in the Zone of Proximal Development*. San Francisco: Jossey-Bass.

Romero, M. E. (2004) 'Cultural literacy in the world of Pueblo children'. In E. Gregory, S. Long and D. Volk (eds), *Many Pathways to Literacy: Young Children Learning With Siblings, Grandparents, Peers and Communities*. London: Routledge Falmer.

Roskos, K.A. and Christie, J.F. (eds) (2000) *Play and Literacy in Early Childhood: Research from Multiple Perspectives*. Mahwah, NJ: Lawrence Erlbaum Associates.

Saussure, F. de (1974) *Course in General Linguistics*. London: Fontana/Collins.

Scribner, S. (1990) 'Reflections on a model'. *The Quarterly Newsletter of the Laboratory of Comparative Human Cognition*, 12(2): 90–4.

Siraj-Blatchford, I., Sylva, K., Muttock, S., Gilden, R. and Bell, D. (2002) *Researching Effective Pedagogy in the Early Years*. DfES Research Brief 356. London: DfES.

Smidt, S. (ed.) (1998) *The Early Years: A Reader*. London: Routledge.

—— (2003) 'Six fingers with feeling: play, literacy and politics'. In E. Bearne, H. Dombey and T. Grainger (eds), *Classroom Interactions in Literacy*. Maidenhead: Open University Press.

—— (2005) *Observing, Assessing and Planning for Children in the Early Years*. London: Routledge.

Smith, M. (1998) 'Let's Make Honey'. In S. Smidt (ed.), *The Early Years: A Reader*. London: Routledge.

Tomasello, M., Kruger, A.C. and Ratner, H.H. (1993) 'Cultural learning'. *Behavioural and Brain Sciences*, 16(3): 495–552.

Van Der Veer, R. (1986) 'Vygotsky's developmental psychology'. *Psychological Reports*, 59: 527–36.

Vygodskaya, Gita (n.d.) 'Gita's reflection on her father L.S. Vygotsky'. Trans. Ilya Gindis. *School Psychology International*, 16.

Vygotsky, L.S (1962). *Thought and Language*. Ed. and trans. E. Haufmann and G. Vakar. Cambridge, MA: MIT Press.

—— (1967) 'Play and its role in the mental development of the child'. *Soviet Psychology*, 5: 6–18.

Vygotsky, L.S (1978) *Mind in Society: Development of Higher Psychological Processes*. Cambridge, MA: Harvard University Press.

—— (1981) 'The genesis of higher mental functions'. In J.V. Wertsch (ed.), *The Concept of Activity in Soviet Psychology*. Armonk, NY: Sharpe.

—— (1987) 'Thinking and speech'. In R.W. Rieber and A.S. Carton (eds), *The Collected Works of L.S. Vygotsky, Vol. 1: Problems of General Psychology*. New York and London: Plenum.

—— (1997) 'Analysis of higher mental functions'. In R.W. Rieber (ed.), *The Collected Works of L.S. Vygotsky, Vol. 4: The History of the Development of Higher Mental Functions*. New York: Plenum Press.

Wells, G. (1985) 'Pre-school literacy related activities and success in school'. In D. Olsen., N. Torrance and N. Hildyard (eds), *Literacy, Language and Thought*. Cambridge: Cambridge University Press.

—— (1986) *The Meaning Makers: Children Learning Language and Using Language to Learn*. Portsmouth: Heinemann.

—— (1994) 'Learning and teaching "scientific concepts": Vygotsky's ideas revisited'. Paper presented at the Vygotsky and the Human Sciences Conference, Moscow, September 1994.

—— (1999) *Dialogic Inquiry: Towards a Sociocultural Practice and Theory of Education*. Cambridge: Cambridge University Press.

Wertsch, J.V. (1981) *The Concept of Activity in Soviet Psychology*. Armonk, NY: Sharpe.

—— (1984) 'The zone of proximal development: some conceptual issues'. In B. Rogoff and J.V. Wertsch (eds), *Children's Learning in the Zone of Proximal Development*. San Francisco: Jossey-Bass.

Williams, A. (2004) '"Right, get your book bags!": siblings playing school in multiethnic London'. In E. Gregory, S. Long and D. Volk (eds), *Many Pathways to Literacy: Young Children Learning with Siblings, Grandparents, Peers and Communities*. New York and London: Routledge Falmer.

Wood, D. (1988) *How Children Think and Learn*. Oxford: Blackwell.

Websites

Cultural-historical Activity Theory:http://www.edu.helsinki.fi/activity/pages/chatanddwr/chat/ (accessed 11 March 2008)

A Mediation Model for Dynamic Literacy Instruction: Lisbeth Dixon-Krauss: http://webpages.chater.net/schmolzel/vygotsky/krauss.html (accessed 4 February 2008).

Pierce, C.S. (1839–1914) see Cole: http://www.lchc.ucsd.edu